U0366807

COGNITIVE
PRODUCT

——

认知产品

谈云海 著

认知半径

认知产品

机械工业出版社
CHINA MACHINE PRESS

本书以"认知产品：描述品牌差异化概念的具象产品"这一核心概念为主线，将传统的定位理论由"心智定位"升级为"痛点定位"，创建性地提出：在内发挥企业独特的长处，在外助力特定用户的持续进步，是企业活下去的关键。全书围绕最能体现企业独特优势的"认知产品"这一视角，帮助经营者从认识企业长处、发掘源点用户、洞察用户痛点、创建品牌认知、建立样板市场等角度建立企业与外部市场的深度连接，并探讨了在不确定的竞争环境下，企业基业长青的三大核心法则："他生"/"利他"是企业生存的根本；立足企业长处的差异化生存是企业生存的保障；经由"有效"实践习得的独特"我知"是企业生存的核心竞争力。

图书在版编目（CIP）数据

认知产品 / 谈云海著 . —北京：机械工业出版社，2023.12
ISBN 978-7-111-73970-8

I.①认… Ⅱ.①谈… Ⅲ.①企业管理—咨询 Ⅳ.① F272

中国国家版本馆 CIP 数据核字（2023）第 191014 号

机械工业出版社（北京市百万庄大街 22 号　邮政编码 100037）
策划编辑：章集香　　　　　　　　责任编辑：章集香　　杨振英
责任校对：龚思文　　李　婷　　　责任印制：郜　敏
三河市宏达印刷有限公司印刷
2023 年 12 月第 1 版第 1 次印刷
148mm×210mm・9.5 印张・1 插页・142 千字
标准书号：ISBN 978-7-111-73970-8
定价：99.00 元

电话服务　　　　　　　　　　网络服务
客服电话：010-88361066　　　机　工　官　网：www.cmpbook.com
　　　　　010-88379833　　　机　工　官　博：weibo.com/cmp1952
　　　　　010-68326294　　　金　书　网：www.golden-book.com
封底无防伪标均为盗版　　　　机工教育服务网：www.cmpedu.com

推荐序一

企业的命脉："认知产品"

2017年第一次读谈云海博士的《认知战：30秒讲好品牌故事》^一一书，我就喜欢上了谈博士的文字与思想。谈博士总能提出一些新的观点，总能带给我诸多启发。我更惊叹于谈博士对企业研究的热爱与痴迷，他常常深入企业内部，发现他人看不到的机会与问题，并用盘点思维发现企业的亮点，指导企业各个层面的决策与实践。

谈博士，典型的理工男：务实、严谨、善于深度思考与研究，可敬可爱。

○ 该书于2017年由煤炭工业出版社出版。

谈博士开创性地提出了品牌三要素：认知产品、源点用户、样板市场。这三要素的提出与诠释，让品牌的塑造不再仅仅只是传播层面的事，还让品牌的塑造真正落实到了实操层面，并且将其工具化与流程化，使企业的运营、文化、员工成长等方面都会因此而发生巨大的变化。这是谈博士服务万唯教育集团（以下简称万唯）[⊖]5 年多来，我所看到的万唯的进步。

过去我认为做企业很难、很累：诸多产品、客户、市场等千头万绪，企业在方方面面都想要做到最好，难度极大。在读完谈博士的著作和他的指导下，现在我认为做企业容易了很多：做企业就是要找到企业的那个"一"，并把它做到最好、做到极致，这样就有可能打造一家优秀的企业。

其背后的逻辑在于：假设一家企业有 10 个产品，如果第一个产品不如张三，第二个产品不如李四，第三个产品不如王五……那这家企业通常就没有什么核心价值了，以

⊖ 万唯教育集团采用多品牌经营模式，由同一个团队分不同部门进行运作。该企业旗下有万唯中考、腾远高考和小白鸥小学等品牌，本书内容中提到的"万唯中考"指的是万唯教育集团里的中考业务板块。

后它也有可能会从市场上消失。因此，对于一家企业来说，它至少要有一个产品在一定的市场范围内是有优势的，是能超越其所有竞争对手的。

有人可能会问，如果我的企业有一个产品，它已经成为市场中的领先产品，那我的企业是否还需要另打造一个这样的产品呢？如果是以前，我会回答，那当然好啊；但现在，我的回答是，先不着急这样做。一个产品超越了所有的市场竞品，这仅仅是一个开始，经营者还要不断地创新迭代该产品，并拉大其与竞争对手的差距，你的企业超越对手越多，这个产品的差异化价值越大，你的企业就越有生命力。

当然，如果你的企业真的很强大，团队十分优秀，且具有创造力的人才足够多，在成功打造第二个产品的同时，还能保证第一个产品的竞争优势不受影响，那么你可以再打造新的产品。

企业要想取得可持续的发展，就要坚持做好产品、用户、市场的三个"一"。

产品的"一"就是"认知产品"。认知产品是企业的生命，对于一家企业来说，如果它的认知产品被超越，那这家企业就危险了。

用户的"一"就是"源点用户"。源点用户是企业最忠实的粉丝，他们开启了企业的成长之路，是企业成长的源头活水。一家企业一定要发现、找到它的"源点用户"。

市场的"一"就是"样板市场"。样板市场是企业的家，又是企业的实验室。一般来说，在样板市场中，企业的源点用户多且密度大，在样板市场中探索出来一套成功的商业模式和有效战术，能为你的企业走向更大的市场积累宝贵的经验和丰富的知识。

改革开放40多年来，中国涌现出了众多杰出的企业家，他们是成功的实践者，如今，也是应该涌现出如德鲁克、松下幸之助等管理思想家的时候了。这些管理大家从企业实践中总结出经营企业的思想与理论，指导企业的实践；再在企业的实践中，不断地丰富自己的思想与理论。

在我看来，谈云海博士就是这个时代孕育出的一位学者，我相信时间会证明这个事实。他的一系列作品《认知战：30秒讲好品牌故事》《认知战：万唯中考战略解密》《认知产品》，以及他提出的"源点用户""战术英雄""认知盘点"等原创性的概念正在完善着他的思想与理论，我们拭目以待。

武泽涛

万唯教育集团董事长

2023 年 10 月

推荐序二

"认知产品"是企业的生存之道

谈云海博士请我给他的新书《认知产品》写一篇推荐序，我欣然应允。山西潞安府潞绸集团（以下简称潞安府）的顺利转型得益于谈博士对企业战略方向的指引，谈博士多年的保驾护航，让我们的企业从绝境中寻找到了希望，获得了重生。借此机会，我想写一写潞安府和我自己对"认知产品"的理解，分享给《认知产品》的读者。

谈博士的《认知战：30秒讲好品牌故事》一书的核心思想是"单一认知，多元经营"。它最重要的价值是帮助企业厘清了专业化发展与多元化经营之间的逻辑关系。书中有理有据的阐述，不仅解决了我一直以来在"专一"与"多元"之间难以取舍的困惑，而且更让我们的企业既活在当下，又未来可期。

通读谈博士的《认知产品》一书，我感觉它又赋予了"认知产品"新的使命和价值。《认知产品》一书的核心思想在于，帮助经营者在构建统一的品牌认知的基础上，重新思考企业与顾客、企业与员工、企业与社会等之间的关系，并重新理解企业活在当下的"生存"哲学。

- 企业如何活：企业应该活在差异化的顾客认知上。
- 企业为什么活：以助力用户进步为己任，是企业生存的意义。
- 企业活得怎样：认清企业自身是基础，发扬企业长处是战略。

用企业长处，解决用户痛点，助力用户持续进步，通过"认知产品"持续升级，赋能员工持续成长，这才是谈博士所讲的"认知产品"真正的使命和价值。

在我看来，从某种程度上讲，谈博士对企业的探索已经有了一些"哲学"的高度。《认知产品》一书中的观点启发我们从新的角度审视企业的经营。企业的"认知产品"

从表象上看只是一个具象的产品，但往深里究，其实它蕴含着企业的生存之道。

无论个人、企业还是国家，立足自身长处（优势）利他，才是生存之本。正如《道德经》所言："天长地久。天地所以能长且久者，以其不自生，故能长生。"

对潞安府而言，谈博士所写的《认知产品》一书就像灯塔一样照亮企业前行的路，并指引我们用东方的智慧去探寻新商业文明之路：企业之间互生共荣而不是相互排斥；市场主体之间动态竞争、价值共创而不是存量博弈、零和博弈；社会主体之间动态平衡、协调发展、生生不息，而不是舍本逐末、竭泽而渔，单纯追求眼前利益。

王淑琴

山西潞安府潞绸集团董事长

2023 年 10 月

推荐序三

我的"认知产品"实践故事

2014年参加谈云海博士的认知战课程，我第一次接触到"认知产品"这一概念，当时我就受到了强烈震撼。在我看来，"认知产品"这一概念是能够高度概括顾客、产品、品牌三者之间的关系的；通过发现和升级企业的认知产品，经营者可以找到创建优质品牌的捷径，并能握稳品牌运作的方向盘。对于这一点，在个人的几次创建品牌的实践中我深有体会。

1990年，我在悉尼创办了东方园林工程公司（Eastern Landscaping Ltd）。因为是新创公司，我们多是依靠低价才能获取订单，对此我十分苦恼。有一次，在一个报价单中我提供了一款昆士兰的花园地砖，这款产品十分昂贵，颜色和质感都很独特。尽管因为选择了这款产品，工程的总成交价提高了，但令人意外的是，这次项目比较顺利，我们最终获得了成功。这让我意识到这款产品的独特魅力，于是通过努力，我们拿到了这款产品的代理权。此后的很多项目，我都首推这款地砖产品。基于对这款产品的认同和品牌的信任，我能感知到顾客对我们公司的信任在不断地提升。这是我商业入门的第一堂品牌启蒙课。

1995 年，我回国创业，开始推广澳大利亚德高品牌的建材产品，一开始我有意识地重点推广德高最好卖的一款产品——"TTB"瓷砖胶，希望以此来建立顾客对德高品牌的认知。但是在很长的一段时间里，这款产品的销量一直不高，意外的是另一款"K11"防水产品却大受欢迎，它成了明星产品。经过不断地思考，我决定顺势转型，让团队成员主推"K11"这款防水产品，并推出了"德高防水，放心"的广告语。德高防水能走红中国，这款"K11"防水产品起到了极为重要的作用。它不仅让我们获取了顾客的信任，而且这款产品也成为同行追逐和模仿的对象。据统计，国内市场一度有 72 家公司都推出类似的产品，其中还包括一些跨国公司。

2014 年，我开始为丰胜花园木（以下简称丰胜）品牌策划一个认知产品。最初，我们用在花园里颇具标志性的凉亭作为丰胜的认知产品，但市场反应平平。2018 年丰胜的一款仿旧的地板被港珠澳大桥户外地板工程选中，大桥通车的第二天央视《匠心》栏目播放了《一棵树的百年之约》的视频，详细讲述了丰胜这项工程的故事。这款仿旧的地板产品因此而成为丰胜经久不衰的畅销产品，也成为丰胜名副其实的认知产品。

2016 年，我再次创建懒猫木阳台，使其成为中国阳台空间改造的开创品牌。对于懒猫木阳台的认知产品，我们的团队经过了长达几年的讨论和探索。阳台的空间改造是一个涉及多品类的半定制、小装修的业务，懒猫木阳台用"朴、光、绿、水、情"来概括我们提供的"木制品定制、花园灯、绿植、微水景，以及阳台家具和软装"五大类产品。除了传统的晾晒、收纳功能外，我们还开发了花园阳台、茶室阳台、亲子阳台、健身阳台、宠物阳台等多种场景需求。最后，我们把"花园阳台"确定为懒猫木阳台的认知产品，也提出了"没有别墅，也可以给孩子一个花园"的广告语。

上述创业经历让我感知到一些规律性的东西。

首先，对于经营者来说，解决用户痛点是成就企业品牌和发现认知产品的最重要的动力，企业家的初心只有建立在解决用户的痛点上，才有可能找到创业的方向。

当年的"十屋九漏"和后来的"大砖难贴"都是推出新型防水产品和瓷砖胶产品的市场时机。谈博士多次谈到的"痛点就是使命"与美国阿尔·拉马丹的著作《成为独角兽》提出的"问题就是品类"有异曲同工之妙，它们都是对创业方向问题的高度概括。

其次，好产品是否能够脱颖而出，要看市场时机和竞争环境。

你的产品需要率先进入新品类、新赛道，这样才可能创造足够大的差异化，更容易被顾客接受和记得。例如，当初我们的企业进入防水市场，选择率先在厨卫家装赛道发力，成功避开了传统主流的工程赛道（沥青防水，主要用于屋面、地下室）。我们采用了更适合于家装的水泥基，开创了家装防水的新品类，因此，德高才能成为百姓心中防水产品的代名词。

同样，丰胜在港珠澳大桥户外地板工程中选用的地板没有采用传统户外地板的通用柚木和菠萝格颜色，而是采用世界刚兴起的辨识度很高的灰黑色，触发或顺应新消费观念的产品自然能成为品牌成功的敲门砖或护城河。因此，我认为，对于企业来说，选取认知产品需要考虑具有视觉竞争力、有场景、有颜值的产品，这样的产品才能获得顾客的关注。

最后，企业要树立品牌的认知符号，一定需要一个"认知产品"。

港珠澳大桥地板项目被央视《匠心》栏目报道和我们及时跟进一系列营销活动，是"K11"这款产品成功的关键。我也曾思考，如果当年将"K11"这款以实验室命名的产品改成更有记忆点的中文名（比如"防渗王"一类），是否会让这款产品拥有更大的市场魅力和生命力呢？

借此写序的机会我将谈博士的《认知产品》一书和我对"认知产品"的理解，推荐给广大的读者和企业家，期待大家与我一样，发现企业"认知产品"的价值所在。

吴海明

丰胜花园木董事长

2023 年 10 月

前言

2019 年，在去西安的高铁上，山西潞安府潞绸集团[⊖]董事长王淑琴给我提了一个建议：谈博士个人品牌的认知产品应该就是"认知产品"，或者说谈博士应该用"认知产品"这一概念作为自己企业的品牌定位，并以此来打造自己的品牌认知。

从"单一认知，多元经营""品牌三要素（认知产品＋源点用户[⊜]＋样板市场）"到"品牌故事""痛点定位""战术英雄""认知盘点""盘点教练"，到底用哪一个概念来建立市场对我个人的认知让我陷入了深思。通常来讲，很少有

⊖ 原名山西吉利尔潞绸集团，2023 年更名为山西潞安府潞绸集团。
⊜ 我把"源点用户"定义为：识别并持续消费品牌差异，且自身获得持续进步的用户。

人能跳出"当局者迷"的困局，王淑琴的建议让我有了新的思考。

我第一次提出"认知产品"这一概念是在2014年第3期"认知战"的课程上，在2017年出版的《认知战：30秒讲好品牌故事》一书中我将"认知产品"作为核心概念来阐述"单一认知，多元经营"的理念。"认知产品"的命名最初是我站在传播层面所做的思考，我想用能被顾客直接感知和体验的具象产品描述抽象的品牌定位（差异化概念），并希望以此来构建企业的品牌认知。

对于大部分企业来说，怎么强调抢占顾客心智的重要性都不为过。但我们不能认为只要抢先进入顾客心智，企业就有了护城河，就能把顾客的心智之门关上，将其他的竞争对手拒之门外。实际上，进入顾客心智只是打造企业品牌的第一步，只是给了顾客一个选择自己的理由，给了顾客一个"更好"的消费预期和承诺。如果在实际的消费过程中，顾客体验不到企业产品带来的差异化价值，那么他们就不会主动给品牌做二次传播[⊖]。通常来讲，缺乏市

⊖ "二次传播"是指市场自发形成的口碑传播，区别于企业用广告、公关新闻等方式的"一次传播"。

场自发的、持续的二次传播，靠大规模投放广告强行植入顾客心智的品牌也多是"昙花一现"，并不具有长久的生命力。

只有依靠产品本身的差异化价值和持续创新给顾客带来"更好"的消费体验，企业才能拥有真正的"驭龙之术"。在我看来，"认知产品"便承载着这一战略任务。品牌战略需要落实到某一具体的认知产品上，才能把战略谋划的"逻辑可能"变成实践经营的"现实可能"。

确定"认知产品"只是打造企业品牌万里长征的第一步。每个企业都需要围绕各自的认知产品，摸索打造出一套独特的经营模式（或称商业模式），要创建出一套从品牌传播到产品创新与迭代、渠道搭建与维护、源点用户的经营与拓展，再到发掘战术英雄、人才培养机制，以认知产品为中心的环环相扣的运营配称体系。

通常来讲，没有企业能完全凭借模仿标杆企业的成功范式而获得成功，也没有所谓的商规铁律一定能够帮助企业获得成功。每个企业都是独立的个体，只能从自身实际出发，从自身的能力和已积累的知识出发，走出企业自己的发展之路。李泽厚[⊖]先生提出的"转换性创造"这一概念，从哲学逻辑上澄清了传统的"创造性转换"思维的谬误，表明了以标杆企业为目标，通过学习他人总结的"成功之道"是无法复制另一个成功的。

基于此看法，我将研究的重心从企业的品牌传播转移到企业的内部经营上，更加注重深入剖析企业"从哪里来"的创业史，并以此来理解经营者的创业初心。从历史实践沉淀下的行事规则中理解企业的价值基因，从实战的"有效战术"中理解战术英雄的独特创造，从繁杂多样的产品形态背后理解企业积淀下来的"我知"[□]，从"用户故事"中洞察企业触及的用户痛点……我认为，只有把抽象宏大的"战略"落实到具体而微的"战术"上，才是把"逻辑可能"变成"现实可能"的实践途径。

多年来深度服务企业客户的经验，让我对"认知

⊖ 李泽厚（1930—2021），湖南长沙人，哲学家。李泽厚提出了一系列原创的哲学概念，比如内在自然的人化、积淀、文化心理结构、实用理性、乐感文化、两种道德、工具本体、情本体、度作为第一范畴，等等。他的哲学研究开端于"实践美学"。

□ 我把"我知"定义为：经由个体实践习得的知识。正如《传习录·徐爱录》中所记载：知而不行，只是未知。"我知"便是王阳明所言"知行合一"的那部分内容。

产品"这一概念有了更全面、更深刻的理解。"认知产品"不只是一个关于"产品"的概念，也不仅仅是关于"认知"的概念。企业可以用最能体现自身独特优势的认知产品建立起与外部市场的深度连接，并以此来理解市场、发掘源点用户、洞察用户痛点，探索品牌升级的进化方向，同时通过认知产品的持续创新去发掘战术英雄，打造团队成长的平台基地。以认知产品为经营中心，企业对内可以搭建结构化的经营模式，实现"力出一孔"的有序经营；对外可以建立产业链的生态体系，构筑"利出一孔"的命运共同体的统一战线。另外，在探究"企业如何生存"的哲思层面上，"认知产品"回答了企业"如何活""为什么活""活得怎样"的哲学探寻。

如果企业的产品类型、规格款式名目杂多，运营繁复且低效，辛苦打拼还效果甚微，那么这时经营者就会希望打造一个大单品，希望通过集中资源做大这个大单品的市场份额，以此来简化企业的运营，提高企业的效益。一旦企业凭借大单品建立起强大的品牌认知，就如同进入了摆脱地球引力的轨道，像很多成功的品牌一样，凭借品牌认知的稳固性[⊖]，企业可以在相当长的时间内获得这一代消费者的信任。当然，这一大单品不应是依靠低价烧出来的所谓"爆品"。我用"认知产品"来描述这个大单品——一个既能发挥企业的独特长处又能解决用户痛点的代表性产品。企业的大单品——"认知产品"最能体现品牌的差异化价值，它可以帮助企业建立顾客认知，取得品牌溢价，获得核心竞争力。

如果企业开发新产品的思路来自对于市场新机会的判断，或跟风市场热点，或调研的各种需求，或新团队带来的新想法，那么随着时间的推移，开发的新产品之间的关联会逐渐弱化，业务板块之间、部门之间为争夺资源也会产生越来越严重的内耗。这时企业就需要以"认知产品"为中心重新梳理企业产品的结构秩序。没有良好的产品结构秩序的企业多是散沙一盘，无法做到"力出一孔"。

企业产品的结构秩序是由品牌消费的两大特征决定的。第一个特征是品牌消费具有排他性。我们知道，品牌的差异是用来建立区隔的，品牌自然就成为消费者身份识别的

⊖ 一旦对某个品牌建立了认知，顾客心智就很难轻易做出改变。比如，20世纪90年代的长虹电视、春兰空调、雅戈尔衬衫等品牌认知仍然存留在我们的记忆中。

一个符号，有一类人喜欢自然就会有另一类人不喜欢。排他性决定了品牌只能为少数人、部分人服务。第二个特征是基于品牌信任的便利性。消费者一旦对某个品牌产生了信任，他们就会倾向于消费该品牌的其他产品。如何从老顾客那里获取更多的经济收益，在获取更多流量的同时而不透支顾客的信任，这是一门大学问。

排他性和便利性这两大特征是企业产品结构设计的基础。基于此，我提出了"认知产品＋配套产品＋周边产品"（以下简称"认知＋配套＋周边"）的产品结构形态。这一产品结构形态在客户的应用实践中取得了良好的效果，各产品之间主次分明，能够协同作战、相互赋能。

当经营者专注产品开发和业务拓展时，就会发现企业团队的成长速度有可能远远跟不上企业的发展速度。高薪聘请的和尚要念好经并非易事，能替经营者排忧解难的得力干将总是少数，很多事还得经营者自己决策……处于这种状态下，经营者就需要重新思考一个问题：到底什么才是企业最重要的产品？是顾客消费的产品，还是创造这个产品的人？如果我们把对"事"的关注转移到对"人"的关注，把人才当成企业最重要的产品，把培养人才梯队视为企业最核心的工作，那么我们将会打开完全不同的局面。

围绕"认知产品"做持续创新和升级进化，便是培养人才梯队最为高效的工具和方式。首先，"认知产品"业已积累了企业成长过程中沉淀的知识，通常来讲站在前人的肩膀上做创新更易获得成功。相反，若用新产品／新业务来锻炼队伍，则更容易因为试错受挫而导致人才湮没。其次，围绕着同一个用户痛点，在不同的消费情境⊖下做创新，互相借鉴启发会产生"美第奇效应"⊜，这更易激发群体性创造，会涌现更多的战术英雄，为人才梯队的搭建提供丰富的人力基础。

企业通过"认知产品"的持续创新与升级来历练团队，并将积累的独特知识迁移到"配套产品"和"周边产品"的研发上，就有可能统一输出品牌的差异化价值，避免企业因为过多参考对手的产品而陷入同质化竞争的陷阱。同

⊖ 人们大多采用"场景"一词，这里我改用"情境"，重在突出在使用场景中消费者与产品之间"情"的互动，而不是把产品和使用场景视为与人相区隔的外在景观，比如类似"人货场"这样的概念就以局外人的旁观视角看待场景中消费者与货物的互动，无法以用户视角在情境中用同理心来理解消费者的情感需求。

⊜ 人们把不同领域和不同学科交叉点上出现的创新发明或发现，称为"美第奇效应"。

时，如果企业能够实现人才梯队的有序进阶，那么企业孵化第二曲线[⊖]的可能性将得以提升。

　　每一位经营者拥有独特的禀赋和能力，理应可以做出差异化的产品和经营模式，但同行中多数企业做出的产品却总是大同小异，这个现象值得大家深思。在我看来，不少创业者在创业早期，把心思放在如何解决顾客的问题上，清楚自己该做什么能赢得顾客的信任，通常也能做出相对独特且有差异化的产品。但企业发展到一定规模后，经营者就会把更多精力放在研究明星企业和竞争对手身上。当经营者不再把顾客放在首位，企业反倒容易陷入增长的瓶颈，于是大家就在求学问道中被各种"战略模型""组织变革""使命愿景"弄得无所适从，在求知的焦虑中备受煎熬。

　　明星企业的成功经验固然有其价值，但极少有企业能通过学习他人的知识获得自身的成功。经营者的禀赋特性和团队的独特能力决定了每个企业都应该走出与众不同的发展之路，企业的可持续发展没有模板可套用，也没有成功可复制。

　　⊖　扬·莫里森（Y. Morrison）在 1996 年《第二曲线》中总结了许多著名企业成长发展的规律，提出"第二曲线"(The Second Curve) 理论。

在我看来，在内发挥企业独特的长处，在外助力特定用户的持续进步，这就是企业发展战略的实质。确定企业发展战略的第一步应该是，从自身有效的历史实践中盘点出既能体现企业自身长处又能支持某一类特定用户进步的认知产品，并将其作为企业的战略支点。第二步应该是，企业以服务这类特定用户（我们称为源点用户）的持续进步为使命，聚焦资源于"认知产品"，摸索以"认知产品"为中心的业务模式和组织架构。企业发挥自身长处并在认知产品上做持续创新与升级，这便是企业发展战略的落地深化。这样，经营者就能用他独特的经营哲学理念，带领企业"走出自己的路"。

总体来看，"认知产品"是一种经营视角，让企业以最终成果（顾客认知）为经营方向，"以终为始"来思考产品的定位；"认知产品"是一种支点思维，让企业始终把注意力聚焦到最重要的产品和业务板块上；"认知产品"是一种战略定力，不管市场风云如何变幻，不管有多少诱惑，让企业始终盯着要解决的用户痛点不动摇。以"认知产品"为经营核心，企业就在践行"知止而后有定，定而后能静，静而后能安，安而后能虑，虑而后能得。物有本末，事有终始，知所先后，则近道矣"[⊖]。

2021年年初，我提出"我知"的概念，用认知盘点工具盘点企业自身实践的"我知"，希望以此来解决企业发展中的问题，让企业在高效执行中不断迭代进步，而不是在质疑自己、艳羡他人的成功中逡巡不前。认知盘点在以万唯为代表的企业客户中得到广泛应用，万唯的团队自上而下立足于自身有效的战术来理解顾客、执行战略，这让我再一次重新理解"认知产品"——它是可以用来处理企业"我知"的元知识。这是一个全新的视角，值得我进一步深入探究"认知产品"在企业形成"我知"体系架构中的具体方式和作用。

我想这或许是李泽厚先生提出的"经验心理学"研究的一种实践吧。希望"认知产品"这一概念能给管理者新的启发与思考。

最后，感谢万唯的武泽涛、潞安府的王淑琴与高和传媒的李俊香的全力支持，他们让我的思考有机会在他们的企业中进行全方位的落地实践。还要感谢我的同事苏与杭、张爽和谈琰在本书的编写过程中所做的大量建设性工作，感谢陈寿东老师提供的图书封面设计思路和若干内容配图。

⊖ 引自宋代朱熹的《四书章句集注》一书。

CONTENTS
目录

159　第五章　I CHAPTER 5

如何经营认知产品

201　第六章　I CHAPTER 6

为何升级认知产品

导读

企业如何活下去

企业战略的最高目标：活下去

企业要活下去十分不易。成功之路难寻一条，失利的陷阱却有千千万。历尽艰辛，九死一生，好不容易把握住时机站上"成功者"的舞台，多数企业又在膨胀中演绎一场"起高楼，宴宾客，楼塌了"的悲剧，令人唏嘘。"基业长青"通常成为经营者的美好向往。

没有企业能挣到超出认知范围的钱。当企业把"失利"归因于自身之外的"客观"因素时，只能表明企业并不拥有应对处理这些"客观"因素的知识和能力。无论是难伺候的顾客、无所不在的竞争，还是恨铁不成钢的团队，抑或是社会中的"黑天鹅"事件，经营者在面对自身之外的"客观"因素时，总显得无所适从。

对于每个企业个体而言，自身的实践是有限的，通过实践习得并积累的知识（我知）也是有限的。在总结经验教训时，大家更多的是得到了"我不能（不要）做什么，我不能这样做"的认知。但"不能做什么"的经验只能让企业避开类似的坑，在接下来的新一轮竞争中，企业将会遇到全新的坑，它无法确保企业能在新的竞争中获胜。这就提醒我们，企业只能依靠"能做什么"的"有效"实践来赢得竞争。

经过长期的实践，人们通常会发现：在多数情况下，差异化会赢了同质化，聚焦经营会赢了多元扩张，价值主张者会赢了打价格战者，反其道而行者会赢了主流跟风者，"技工贸"型研发者会赢了"贸工技"型销售者，专注擅长者会赢了无所不能者，利他者会赢了利己者……从无数企业的兴衰成败中，经营者总结出了诸多可被学习的"有效"的商战规则。

而要把这些"一般性"的商战规则用于企业自身的

个体实践，还需要经营者具备一种能力——一种从一般到特殊、从抽象概念到具体行为所需的"决定判断力"⊖。这种能力无人可教，只能通过实践反复探索获得。大家经常能看到，有些人讲起概念来头头是道，做起事情来却是手忙脚乱。这是因为他们对"决定判断力"尚未拿捏到"度"。"决定判断力"的习得，需要经营者在时间上下功夫，在反复试错中付出人力、物力的成本。只有当收益（实际营收＋基于信任的投资）大于学费支出，企业才有"活下去"的可能。

然而，这也不足以确保企业能"活下去"，因为赢得竞争靠的不是人人都具备的共性能力，而是通过个体实践锤炼出的个性独特能力。正是凭借经营者和团队的这种个性独特能力，企业才能创造出差异化的经营并为社会贡献差异化的价值，最终才能获得某一类顾客群体的选择和持续的消费。也正是拥有这类做持续消费的顾客（我称之为"源点用户"）才能筑牢企业生存与发展的根基。

⊖　"决定判断力""反思判断力"（包含"审美判断力"）是康德提出的核心概念。决定判断力（又称规定判断力）是将一般性的抽象原理运用到特殊的具体事例上的能力，这种能力无法被教授，只能通过自身的反复实践来获得。

多数经营者往往在企业自身"有效"实践的向内深挖上做得不够深入，却反而不停地向外寻求其他企业的"大成功"，并将其视为"客观真理"和奋斗目标。因为要树立更为高远的目标，那些"小成就"与成功标杆相比显得不足挂齿，所以经营者总是容易忽略自身企业的"小成就"。经营者普遍认为，企业之所以没能有"大成功"，是因为其缺少了某些能力和知识。于是"缺啥补啥"的心态让经营者不停地"向外"问诊求学，以试图掌握更多的"客观真理"，其中也不乏经营者寄希望某种捷径/某本秘籍宝典[⊖]能一劳永逸地解决企业成长的所有问题。

但是，向外寻求"客观真理"的方法可能最终将导致企业的经营走向趋同。事实上，并不存在对每个企业都适用的"成功宝典"。其他企业成功的经验固然可以借鉴，也有利于拓展自身企业的视野，但企业不能通过模仿复制而取得另一个成功。更何况，企业要从浩如烟海且仍在加速积累的巨量知识库中，找出匹配企业自身特质和成长要

⊖ 有些时候市场上会出现一些为了迎合这类急功近利的需求，贩卖成功学，宣扬不得不学的"不二法门"，还经常用"最怕你的对手先学""不要输在起跑线上"来制造知识焦虑。

求的知识，这本身就是一个极大的难题。

即使我们对"客观真理"的认识理解再透彻、再到位，但造成"失利"的主因仍然是对自身的"主观"认知不当，毕竟外因要通过内因才能发挥作用。正确认识企业，明了企业自身的长处和知识的局限，界定知识能力匹配的业务领域，才是企业"活下去"的基石。

当然，赢得过竞争的企业可能又会走向自负与贪婪。自负与贪婪通常是人性中最难以克服的弱点。"认识企业自身"是一个哲学命题，是企业生存课题中最大的不确定性因素。

因此，与其向外寻求企业成功的绝对"客观真理"，经营者更应当向内寻求"明心见性"，经营者自身的"良知"才是决定企业能否"活下去"的关键。毕竟内因才是决定事物发展的根本原因。

在本书中，我们将从"认知产品"的独特视角，探讨企业三大最值得关注的长久活法。

长久活法一："他生"/"利他"是企业生存的根本

亚当·斯密认为，"我们绝不能指望从屠夫、酿酒师或者面包师的仁慈中获得我们的午餐，而只能从他们对自身利益的关切中来获得"[一]。人们的私欲导致了社会的分工和合作，客观上推动了社会的发展与进步。大家能理解人性自私的合理性，但同时也要看到它强大的破坏性。正如资本本身能促进商业的繁荣一样，过于追求资本的回报对商业伦理的恶性破坏也是巨大的。

如果经营者认为，只有依靠"挣钱，挣更多的钱"或"战胜对手，做大市场规模，获取垄断地位"这样的"自生"才能"活下去"，那么他的企业也很容易会因受到"挣钱"或"规模"的反噬而走向衰败。这样的"自生"放大了人性弱点中的"贪欲"，让人高估了自己的能力。企业往往也会因为树敌过多，而间接地放大社会对企业劣势的关注。如果企业对名利的"贪欲"被他人所利用，被吹捧，被杠杆化，那么狂欢之后离企业的消失通常也就不远了。

当然，不能否定的是人类自私的基因通常也往往正是人们竭力奋斗的原始动力。企业既要充分发挥"自生"的合理效用，同时也要避免过于追求"自生"而让商业活动

[一] 引自新世界出版社 2007 年出版的亚当·斯密的《国富论：国民财富的性质和起因的研究》（谢祖钧译）。

中的"不正当竞争"和"非理性竞争"给社会造成负面的影响。只有把握好这个"度"，企业才能自主创造"活下去"的良性土壤。

"天长地久。天地所以能长且久者，以其不自生，故能长生。是以圣人后其身而身先，外其身而身存。非以其无私耶？故能成其私。"2000多年前，老子就提醒我们要把"他生"放在"自生"之前，这样才能实现"身存"与"长生"。

彼得·德鲁克如此论及"企业的目的"：[○]

> 因为企业的目的在于创造消费者，所以企业具有两种——也只有这两种基本职能：市场营销和革新……它要求企业从一开始就关注消费者的需求、消费者的真实状况及消费者的价值观。它要求企业首先考虑如何对消费者做出贡献，然后再考虑如何从中获得回报。

稻盛和夫是"利他"哲学的践行者，他认为"利他就是最大的利己"，并在其著作《活法》中强调：利他本来

○　引自上海财经大学出版社2006年出版的《组织的管理》第24页。

就是经商的原点。[○]

经营者的价值取向本身决定了企业的寿命基因。如果经营者不是从"自生"而是从"他生"的角度来思考企业存在的意义，那么企业就会因为赢得顾客和社会的支持而获得长久生存的客观条件。

商业伦理的"利他"并非一般意义上的慈善和施舍，更不是通过资本补贴顾客、恶意挤兑同行而获得某种垄断价值，而是通过"利他"解决顾客的问题，从顾客那里获得更大的收益回报。

在我看来，品牌成长的基本逻辑在于以下几个方面：首先，企业要通过差异化的创新发掘并培育一群追求更高品质、追求与众不同的价值体验的源点用户；其次，企业要将获得的利润扩大再生产[○]——持续深化解决源点用户的进步需求，与此同时用源点用户的示范效应吸引跟风消费者；再次，在实现规模效应的基础上，企业要通过降本增效来满足更多群体的消费需求，实现普惠大众的目的；最后，企业继续将因市场领先地位所获得的超额利润投入

○ 引自东方出版社 2019 年出版的稻盛和夫的《活法》第 151 页。
○ 实际上，企业的扩大再生产普遍体现在多元化扩张，试图在新业务领域复制赚钱的机会中。

产品的升级研发中，持续创新提升产品的品质和"利他"的价值，引领市场的良性成长，进而实现经济的正向流动和有序的循环。

阿里在 2021 世界互联网大会上宣布其两大社会责任战略——ESG（环境、社会、公司治理）与助力共同富裕，并提供两项服务——"乡村振兴技术官"和"技术普惠人才培养计划"。阿里希望这一举措能为欠发达地区培养超过 20 万名数字化人才，这些利他的行为无疑能增强企业长久的生命力。

长久活法二：立足企业长处的差异化生存是企业生存的保障

为什么每一个经营者都是独特的、与众不同的，但做出的企业和产品却是同质化的呢？

通常来讲，导致企业经营同质化的因素有很多，例如模仿标杆企业、老顾客有同质化的多样需求、品类发展早期存在大量空白市场（红利期），等等。但从社会和市场整体的角度来看，随着同质化的产品供给越来越多，企业便面临"有你不多、没你不少"的窘境，要"活下去"就身不由己了。消费者在讨价还价，渠道客户的要价越来越高，若是进入经济下行周期，行业老大降价清盘，或碰上类似新冠疫情这样的"黑天鹅"事件，企业往往会陷入困境。

经营者根据自身的禀赋特性，立足于自身长处做差异化经营——产品如何差异化创新、顾客如何差异化经营、如何打造"先为不可胜"的样板市场，这便是确保企业"活下去"的主观要求。

在具体的实践中，我尝试用认知盘点、认知产品、源点用户、样板战略、品牌故事、战术英雄六大体系来架构企业差异化经营的底层逻辑，希望以此来帮助企业"内盘企业长处，外盘用户进步"，以长处创新引领市场创造需求，"以不变应万变"。

长久活法三：深度挖掘经由"有效"实践习得的独特"我知"是企业生存的核心竞争力

悲观地看，个体企业的消亡是一个大概率事件；乐观地看，就像"向死而生"一样，企业在争取"活下去"的努力中，通过自身实践积累下的知识和能力将会以另一种生命形式延续下去。

早在 20 世纪 60 年代，彼得·德鲁克就提出"知识管理"的概念，他认为知识是唯一有意义的资源，并提出"Knowledge is the business"（知识至上）的观点。被誉为"知识创造理论之父"的野中郁次郎发现，一个组织之所以比其他组织更优秀或更具竞争力，是因为它能够"有组织地"充分调动蕴藏在组织成员内心深处的个体知识。⊖他特别强调知识是创新之源，是企业战略性的资产。

前文提到，我们把学到的商业规则和他人的知识（我称之为"他知"）成功地应用于企业的个体实践，练就了企业的"决定判断力"，但这种能力和知识只是让企业拥有继续参与竞争的资格，它尚不能为企业获得更大的竞争优势，因为其他未被淘汰的对手也具备同样的能力。真正为企业赢得竞争的是企业的"反思判断力"⊜，也就是由特殊到一般，从成功实践的特殊个例中用自身的感性直观地整理出某种"规律性"的理解和认知。它是企业通过大量

⊖ 英国哲学家迈克尔·波兰尼 1958 年在其著作《个人知识：朝向后批判哲学》中提出一个颠覆性的观念：大多数人懂得的知识，只是知识的表层，我们知道的永远比说出来的多得多。

⊜ 康德的"反思判断力"则是由具体到抽象，由特殊到一般，突出了由内在心理的主观感受到自由直观展示出来的个体创造力，它直接与"度"的掌握相关。

实践积淀而成的独特"我知"，这种"我知"使企业具备创造"差异化"价值的能力。

经由"有效"实践习得的独特"我知"才是企业核心竞争力所在，只是这部分"我知"通常会以产品或市场形态体现出来。挖掘整理这部分"我知"应该成为企业的首要任务，但大部分经营者往往会忽视自身的"有效"实践，反而更愿意去追捧与关注外来的"先进"知识。

然而，没有经过"我知"的内化，外来的"他知"在企业的具体应用中通常就会水土不服。于是，在认知战的体系架构下，我进一步提出了认知盘点[⊖]这个概念，用以挖掘整理企业组织和成员个体的"我知"。我相信，每个企业的实践经验汇集到知识的大熔炉之中，最终会为社会的整体进步添砖加瓦。

在读正文之前，请读者尝试回答下面四个问题，在空白处写下您的思考。

⊖ "认知盘点"是在"战术盘点"的基础上发展出的系列盘点工具。以认知战体系为架构，从企业历史的有效实践中理解组织长处和所解决的用户痛点，系统整理个体和组织的"我知"，提升组织运营和管理效能，并助力团队快速地成长。

第一问：对您来说，企业最重要的产品是什么？

答案：＿＿＿＿＿＿＿＿＿＿＿＿＿＿＿＿＿＿＿＿＿

＿＿＿＿＿＿＿＿＿＿＿＿＿＿＿＿＿＿＿＿＿＿＿＿＿

第二问：如何定义用户痛点？

答案：＿＿＿＿＿＿＿＿＿＿＿＿＿＿＿＿＿＿＿＿＿

＿＿＿＿＿＿＿＿＿＿＿＿＿＿＿＿＿＿＿＿＿＿＿＿＿

第三问：是谁在对产品负责？

答案：＿＿＿＿＿＿＿＿＿＿＿＿＿＿＿＿＿＿＿＿＿

＿＿＿＿＿＿＿＿＿＿＿＿＿＿＿＿＿＿＿＿＿＿＿＿＿

第四问：对企业而言，企业最重要的产品是什么？

答案：＿＿＿＿＿＿＿＿＿＿＿＿＿＿＿＿＿＿＿＿＿

＿＿＿＿＿＿＿＿＿＿＿＿＿＿＿＿＿＿＿＿＿＿＿＿＿

试着跟身边的同事对一下答案。待读完本书的全部内容，您可以再来回答一遍这四个问题。

CHAPTER 1

第一章

单一认知，多元经营

本章三问

第一问：经营者是否了解企业自身的长处

第二问：经营者是否了解企业的"顾客"

第三问：经营者是否了解企业的"产品"

试着先写下您的思考与理解：

我试着用"单一认知，多元经营"这一理念来解决长期困扰经营者的"聚焦与多元如何平衡"的问题。

企业的经营走向多元化是必然的。彼得·德鲁克曾说过：各企业都必须有核心领域，并在此领域占有领导地位。因此，企业必须专业化。不过，企业还必须努力从专业化中获得最大的利益。也就是说，企业要多元化。企业在专业化和多元化间取得平衡后，同时也决定出企业的范畴。⊖

我在《认知战：30秒讲好品牌故事》一书中分别从企业和顾客的视角，阐述了"聚焦"与"多元"各自的价值。针对很多企业当下产品数目相当多的现状，我并不提倡企业一上来就一顿"猛砍"业务线，而是提出了"企业要在顾客认知层面上实现聚焦，在物理经营层面上保持多元"的观点。先立后破，企业通过创造市场的主动选择倒逼自身实现"在聚焦核心业务基础上的适度多元"。

技术在变，竞争在变，顾客也在变，一切都在变化。企业要创新，要应对各种变化，自然就要寻找新模式、开

⊖ 引自机械工业出版社2009年出版的彼得·德鲁克的《成果管理》一书。

发新产品。除了创新的因素外，还有很多的理由让企业认为应该再往产品线上加点新东西。但如果企业的产品数目多了，就会给企业的发展带来诸多困扰。

有的企业，新产品／新业务做得太多，企业往往"蜻蜓点水"般地追逐市场热点，做一些"同质化"的形式创新，有时候即使琢磨出有差异化的功能创新，但在市场接受之前往往又失去了坚持的耐心……这样的多元经营通常会强化品牌的同质化认知，顾客缺乏选择该品牌的理由，其结果自然不理想。相信不少企业出现过以下情况：产品的定价就低不就高，企业运营复杂效率低，共识难成会议多，产品战略摇摆不定、结构无序，部门分割争利相互牵制，摊子看似铺得大但年终结算利润微薄……

"二八定律"提醒我们，在任何一组事物中，最重要的通常只占其中一小部分，约20%，其余80%尽管是多数，但却是次要的，往往是20%的核心产品会给企业创造80%的业绩。既然如此，企业为何不把更多的精力聚焦到创造了80%业绩的产品上呢？

经历过多元化的无序扩张后，现在很多企业越来越重视"爆品""大单品"这样的概念，经营者希望做出爆品、大单品，让它们成为企业那个关键的"20%"。企业应该选择哪一款产品作为"大单品"呢？一般来讲，企业容易把目光放到市场的"痛点""刚需"上，比如超市喜欢用鸡蛋这类已成消费刚需的产品来吸引顾客。要把一个全新的产品推向市场形成规模通常很难，于是，很多企业便一窝蜂地选择"热门""刚需"产品，选择将它们做成大单品，这样企业就会面临一个老生常谈的问题——价格战。

人们普遍认为，做"大单品"通常意味着要用更低的价格换取更大的市场规模。于是各种"一元"促销、花式补贴大行其道，企业进入价格战的血拼之中。没有任何一家企业能在价格战的"囚徒困境"中得以善存，经历过价格战洗礼的行业通常会以"劣币驱逐良币"的方式惨淡收场，整个品类也往往会因此而萎靡不振。

各个行业赛道太容易挤满产品同质化、打法同质化的参赛选手，各种促销招式用尽以后，砸钱做广告抢占顾客心智的方法便成为决胜一试。其实这种方式与菜市场里比拼谁的吆喝声更大并无二致。尽管最终会剩下一个"获胜"的幸存者，但这样的"惨胜"无法赢得市场的钦佩，因为它仅仅是把别人的生意抢到自己的地盘中而已，本质上并没为社会创造多大的价值。

华为通过自己数十年的艰苦创新赢得了尊重，为社会带来了进步，创造了价值。华为被美国打压牵动着国人的心，人们会发自内心地去支持华为。由此可见，如果得不到顾客和社会的支持，企业的成功通常也只是暂时的，其生命也将是极为脆弱的。

每个企业都会面临这样的哲学考问：如何活？为什么活？活得怎样？经营者不仅要弄清楚企业在残酷的竞争中"如何活"，更要从"为什么活"中找到企业自身存在的价值和意义。只有明白了"为什么活"，经营者才能在开山辟路的艰辛中体会到创造的乐趣，团队才能在企业提供的平台上体会到自我价值实现的乐趣。很显然，这些都超越了财富名利带给人们的短期愉悦。只有回答好这三个问题，企业才能活出自身的个性、活得生动精彩，而不会在"内卷"中迷失沉沦。

带着这三个问题，经营者可以重新审视一下"多元化"这个课题。"多元"是企业发展的客观需求，"聚焦"是企业强大的根基所在，没有企业能做到无所不强。当然，这并不是说为了"聚焦"就一定要放弃"多元"，关键是企业要弄清楚在哪里"聚焦"才能创造出可持续的生命力，如何在少消耗企业的资源和精力的同时又能实现有序的"多元"。企业经营的秩序就在"聚焦"和"多元"的因果关系以及"度"的平衡之中。

多元经营的困扰在于企业在竞争背景下存在的认知障碍。企业的认知障碍通常来自三个方面：一是很难认清企业自身，准确认识企业的长处。通常来讲，要识别企业自身具备的比较优势十分困难；二是企业对顾客的理解是含糊的、笼统的，有的企业即使自认为能清晰地描述企业的目标顾客，但这些认知通常与同行对手的思考并无二致；三是企业对产品的理解也通常仅仅停留在表面，企业的产品越多经营者对产品的认知往往就越肤浅。

经营者不妨问自己三个问题：企业如何活？企业为什么活？企业活得怎样？看看是否存在上述认知障碍。

第一节　经营者是否了解企业自身的长处

在《认知战：30 秒讲好品牌故事》一书中，我强调要基于企业的长处来思考企业的品牌战略。但是，"认识自己"自古以来都是人类的难题。高估自己往往也是普遍的人性，正如经营者总想告诉外界自己的企业"不只是能做这个，还能做那个"。也有不少企业经营者想通过拓展业务甚至跨界经营来证明自己更优秀，更出色。

若无人参与竞争，经营者想怎么做都行，但竞争的残酷需要经营者冷静地思考：企业的资源总是有限的，如何才能不把有限的资源浪费在低绩效乃至无绩效的业务领域中呢？

"聚焦经营"并不只是停留在产品或业务层面，而是在深刻认知企业长处的基础上聚焦长处，聚焦优势领域。

"多元"则是立足于企业的长处画同心圆。

从企业的角度，我对"单一认知，多元经营"的第一层解读为：单一的长处认知，辅助多元经营的能力。下面我们从三个方面来分析如何了解企业，正确认识企业的长处。

通过市场表现来识别企业的长处

正如用总成绩衡量学生的能力一样，外部专家通常会用产品在市场上的总体表现来理解企业的竞争力，但是仅凭产品的市场表现不足以"识别"出企业真正的长处。

经历过市场的源点期培育、跟风者混战交锋后，市场逐渐会形成以胜出者为主导的主流消费模式，绝大部分跟随企业会以胜出者为参照开展自己的产品设计与规划，于是各家企业的产品及产品结构又会走向同质化。如果我们只是以企业内部各产品的占比来识别企业的长处的话，那么就很容易得出大部分企业的长处基本一样的判断。但如果从整体市场上是否有表现相对突出的产品这一视角入手，我们就会发现不同的企业都有各自相对优势的区域市场，进而就能够通过企业的相对优势深入地理解企业的长处。

相信对企业的产品做过市场分析的人员多少都会遇到类似的困惑：是产品本身具备解决当地顾客需求的能力，还是渠道商自身具备开拓市场的能力呢？是企业本身具备掌控服务渠道商推广产品的能力，还是仅仅因为该区域市场不被对手关注、竞争相对薄弱？厘清这些困惑，将有利于我们识别企业真正的长处。

通过审视传统的总结复盘来分析企业的长处

人们总说，总结复盘是企业总结成功、吸取教训并改进提升的不二法门。那么企业从实践中究竟不断总结出了什么样的"认识"？事实上，经营者很难从每次历史经验的总结中预测到下一次企业可能遇到的新情况、新问题。尽管企业在"总结历史经验—遇到新问题—继续总结经验—继续遇到新问题"的循环中增加了见识，但"认知"水平却未必能获得相应的提升。这是为什么呢？现在是时候让我们来重新审视传统的总结复盘了。

对于大多数人来说，总结复盘的重心通常总是放在发现不足、弥补短板上。过往的成功固然可喜可贺，但拥有的东西（取得的成绩）往往却得不到重视。失去的东西

（原本应该做好，实际没能做好）或可能会失去的东西（对手做了，自己没做）通常会牢牢抓住人们的注意力。因此，企业总是用心中的标准（多是从成功企业身上总结出的商业范式）作为参照，找差距、找不足便成为团队普遍的"认识"：企业不成功，是因为跟成功所要求的标准有距离，遇事失利十有八九也是因为企业自身存在的短板。那么，如果短板做了改进，企业是否就能更接近成功呢？

事实上，恰恰是这种"补短"认识妨碍了企业获得更大的进步。

首先，市场上并没有完美的品牌、完美的产品，因为没有企业能做到样样都行，也因为市场永远有更高的预期而让当下的产品并不完美。任正非在2019年接受央视《面对面》栏目访谈时说：完美的人就是没用的人。顾客选择消费某种产品通常是因为产品有某方面的特色，能更好地满足自己的需求（例如，更省油的车），同时顾客也能理解产品某个长处带来的弱点（例如，车皮薄一点），并包容其他的不完美。企业面临残酷的竞争，通过弥补自己的短板追求全面、完美往往是错误的，因为处处补短式的完美通常会造成企业没有特色的平庸。

　　其次，"己短"必定对应有"他长"。顾客既然因为有"他长"的认知而不选择企业的产品，那企业再怎么补"己短"也于事无补，因为"他长"已先入为主，企业很难用"更好"的举证来说服顾客改变他们已有的观念。

　　最后，当企业把精力放在补"己短"时，其实离成功反而会越来越远。因为有"己短"，所以人们总在寻求自己缺乏的"新知"，例如读热销书、报热点班、听取高人建议，或者拿着放大镜研究对手的产品和战略。"新知"能拓展企业的思路和视野，但要消化吸收"新知"，将其转化成自己能有效实操的知识，往往就不那么容易了。除了要不断地投入资源去试错，更重要的是，总结他人成功的"新知"是建立在他人的长处基础之上的，它是否匹配企业自身的能力却不得而知。企业的见识可能会因为补"己短"而变多，但企业真正擅长的部分却反倒会因此而蒙上一层厚厚的灰尘。

　　历史的吊诡之处往往在于，没人能通过完美赢得胜利，人们通常是因为把握了转瞬即逝的"先机"和"意外"才能获得巨大的成功。为了让成功的解读符合"先有内圣后有外王"的因果逻辑，成功者往往会不自觉地把企业的成功（或被他人）梳理为"先知先觉"的战略谋划，并基于"一致性原理"补上记忆中缺失的部分，让企业的战略看起来更完美一些。一味追求别人的胜利，模仿他人的完美，真的能让企业复制"成功"吗？答案一定是否定的。

通过"战术盘点"[○]来理解企业的长处

既然企业因为长处而被顾客选择，那么发掘长处、专注长处、放大长处就应该是企业核心的竞争策略。人们总结的商业竞争理论可以有不同的外在表达方式，比如总成本领先、差异化或专一化等，但其底层内核通常只有一个：长处原则。长处原则应该被视作商战的"第一性原则"。企业无法通过模仿标杆企业获得成功，只能基于自身长处走出具有企业特色的成长之路。

基于此，我研发了"战术盘点"工具，以此来帮助企业从自身实践中认识自我，通过具体的"有效战术"认清企业的长处，整理基于自身长处的知识——我把这部分知识称为"我知"（经个体实践习得的知识），用以区别

○ "战术盘点"工具的相关介绍见本书第四章的内容。

于向外学习、尚未被自己习得的"他知"[⊖]（即前面提及的"新知"）。

与传统的总结复盘相比，"战术盘点"这一工具只是帮助企业专注于发掘亮点和意外，这一工具从已被实践证明的"有效战术"中理解企业自身的长处，探究顾客选择企业产品的理由，然后洞察顾客真正的痛点。

⊖ 只有通过自身实践，才能将所学的"他知"内化为"我知"。每个人通过自身实践获得的"我知"都是有限的，大脑里装的更多的是通过学习获得的"他知"，但是我们普遍把学到的"他知"当成"我知"。

第二节　经营者是否了解企业的"顾客"

分析了企业的长处，接下来我们从顾客的角度，来看看"单一认知，多元经营"的第二层解读：单一源点用户认知，辐射多元跟风顾客。这一节，我们把研究重心"聚焦"到企业的"顾客"——源点用户身上，在产品层面理解他们的消费需求和心理。

很多经营者喜欢用数据来研究市场。在创业早期，经营者会认真琢磨一个个具体的顾客故事。等企业的团队有了一定的层级和规模后，经营者亲临一线的机会就越来越少了，他们更多是在会议室听取业务部门的汇报，通过统计数据去研究顾客。企业搜集、监测市场数据相对容易，但把业务负责人派到市场一线去挖掘一个个具体顾客的消费情境却有不小的难度。如果经营者是依靠听取报告来分析市场的话，那么团队成员自然就会"有样学样"。特别是，当经营者只盯着热点机会、资产负债表、股票价格和战略并购时，顾客是谁、有什么具体需求自然就会被企业所忽略。顾客被简化为标记了各种标签的用户画像，被视为贡献业绩数据的符号。

能不能用大数据和"用户画像"来了解顾客

销量数据本身能反映顾客的消费选择，大部分人认为这些数据是客观的，是不会骗人的。但事实上，企业看到的数据往往是"主观"的。采集什么数据，取决于团队脑中已有的市场模型。如何分析数据，也取决于团队脑中已有的观念。心理学中有一种观点叫"看到你想看到的"。企业看到的数据反过来又会强化既有的认知。例如，经营者喜欢从大数据中了解顾客某种"普遍性"的消费行为，这种偏好的出发点在于经营者期望策划某个营销活动能将这类消费者"一网打尽"。因此，一些能体现个性消费特征的小数据就很容易被企业当成噪声和偏差，被忽视、淹没在大数据中。试想一下，假如数据统计真那么有效的话，为何市场很少会按一些专家提炼总结的分析模型来做出相应的反应呢？

在策划市场营销方案时，企业常用类似"用户画像"的概念来描述顾客，但这里的"顾客"其实已被平均化、符号化、抽象化了，它不再指代某个具体的消费个体，而是一类消费群体的集体画像。"用户画像"这一概念隐含这样的前提假设：具有类似特质的消费者产生类似消费行为的可能性更大。但事实上，即使消费同一种产品，顾客的消费动机和实际用途也各不相同。

若企业期望市场营销活动（促销、广告、公关等）有更好的经济性，让有限的投放费用覆盖影响到更多的主流受众，那么"用户画像"就只能相对宽泛、更为抽象，但同时这样的营销就会陷入"同质化"，因为竞争对手通常也会如此描述他们的顾客。企业要做出差异化，实现精准营销，理论上"用户画像"越精细效果会越好。经营者应将有限的资源和精力投放到哪一个细分群体呢？最后好不容易精准确定了其中一个细分群体，那要为了精准而忍痛放弃其他的群体吗？诸如此类的问题经常会引起不小的争论。于是，有些企业往往会选择"不抛弃，不放弃""一个也不能少"的策略，今天营销这个群体，明天换成另一个群体，常常根据时节热点变化不同的营销方案。

用"关键少数"来了解顾客

人性中既有"求同"的合群需求，同时又有"求异"的区分需求。所以，差异化的品牌在成为某个群体的共同归属符号的同时，也自然就会被另一个群体所排斥。下面我们用"消费社群"来称呼有共同消费需求的顾客群体。

每个品牌只能选择基于某个消费社群建立其品牌认知。再进一步分析，每个消费社群中都存在一个金字塔结构，塔尖的意见领袖左右着他所能影响到的塔中和塔底的跟风消费者。经营者一定要承认一个客观事实：绝大多数顾客缺乏专业的识别力，同时也缺乏兴趣和时间去弄明白不同品牌产品之间的区别，他们更多是根据观察周边他人的消费选择来做判断。这种从众消费让选择不再困难，同时也能有效规避因为选择错误带来的风险。与此同时，每个消费社群中也必然存在一小群人，他们对新鲜事物敏感好奇、乐于尝鲜且担得起风险，有专业知识和能力识别品牌的"差异化"，甚至能基于自己的体验为品牌创造更多的消费情境，为企业理解顾客需求及摸索业务模式提供丰富的素材，我将他们称为"源点用户"，源点用户就是市场中的"关键少数"。因此，在每个消费社群中找到源点用户，找到率先尝试消费并积极影响他人的这群用户，便是品牌实现市场成果的关键所在。

源点用户处于消费社群金字塔的塔尖，是极具"个性"的存在，是无法用抹平了个性特质的"用户画像"来进行描述的。源点用户与他们身边的跟风顾客之间，存在着企业"看不到"的影响链（自发形成的二次传播），这种影响链便是那只"无形的手"，它能形成一种拉力，与品牌的推力一起驱动着消费市场的形成。所以从理论上讲，企业只需搞定这小部分源点用户就足够了。发掘源点用户，着力培育他们，让这个影响链更加牢固且可控，是企业市场营销工作的重中之重。

在跟企业客户互动的过程中，我发现如果某家企业讲不出几个自己的"用户故事"，那基本上我们可以做出这样的判断：这家企业的创新更多是表面文章（后面称为"形式感知层"的创新），其产品形式上的"差异化"很容易被模仿，难以被消费者识别，该企业多元化经营的背后一定是产品的高度同质化。我们知道，企业与顾客的关系是对等的，当企业把顾客视作某个抽象化符号的时候，顾客将企业视为"同质化"的品牌也就不足为奇了。

第三节　经营者是否了解企业的"产品"

企业的经营离不开产品，从产品的角度我对"单一认知，多元经营"的第三层解读为：用认知产品建立新顾客的单一认知，其他多元产品满足老顾客的多样需求。

为什么我们对产品的了解往往浮于表面

有的企业对顾客的理解和认识不够深入，却又希望企业的产品能够覆盖更大范围的顾客群体，于是不停地开发新产品，拓展新业务。因资源有限且分散，企业对这些新产品的研发投入往往浮于表面。

经营者可能会问：企业天天在琢磨产品，怎么就只是表面功夫呢？这里，我们不妨来一起做个测试：在企业当下的产品线中选出一个产品，要求企业专注于这一产品，坚持做三五十年，那你会选择哪一个产品呢？当要做出这个"唯一"的选择时，你会不会犹豫不决呢？

经营者通常会给不同产品赋予各自的任务，就像波士顿矩阵所描述的那样，哪个赚利润，哪个挣流量，哪个代表未来，哪个已是过去式。大家都明白"聚焦"的价值，但是要回答到底哪个产品能创造更大的差异化价值、获得更高的市场收益、取得更长久的生命力时，经营者未必能对答如流。若是经营者回答不了这个"唯一"的选择问题，又怎么能说自身对产品的理解有多深刻呢？

下面我试着分析造成企业在产品上只下了表面功夫的两大原因。

第一个原因是调研泛而广，不够深入。

产品创新的依据是什么？是来自对顾客的调研还是来自对竞品的分析？或是两者都要参考？在企业的源点用户不明晰的情况下，企业应如何理解并应对各类顾客五花八门的需求？如何平衡顾客需求之间的冲突？需求调研往往从问"不足"开始，如何取舍如此多的改进建议……相信做过市场调研的朋友对前面列举的问题都深有感触，"一个也不能少"让企业的产品开发有多纠结，又会产生多少纷争！

来自竞争的压力会让企业陷入"竞争焦虑"，企业担心产品缺失了某项功能就会影响顾客的消费选择，于是会把同行竞品的创新研究个遍。企业总是会在博采众长的基础上再加上自己的新创意、新想法，团队中每位成员也都想为创新贡献不一样的价值，大家都在不停地做加法。于是，在产品的"差异化"创新上，企业就需要在各种创意创新中做出妥协与平衡。

众所周知，妥协往往会抹去特色，造成平庸。综合了太多需求、太多创意的产品，又何尝不是如此呢？

第二个原因是关注对手远胜关注顾客。

随着组织规模的扩大、管理层级的增加，企业中真正在做产品决策的人可能最终会成为离顾客最远的人。来自市场的信息经过层层加工和过滤，顾客的真实需求已然模糊不清，若是最高管理层把精力放在寻找更大的市场机会以及相关的资本运作上，又怎能指望有关顾客需求的问题会被摆在会议桌上呢？大多数企业关注的是统计数据，关注总营收是否实现了预期的战略目标，关注增长率在哪里，下一个增长空间在哪里。

有的企业关注竞争对手，远远胜过关注顾客。目前似乎存在着这么一个观点：只要把同行对手的业务订单抢过来就能获取胜利的果实。很多经营者关心市场规模、行业排名、运营效率、成本利润，以及资产负债等指标，对于顾客需求的理解则是通过产品的销售数据来开展宏观的研判。不同产品的销售占比、各产品的销量增长率、不同市场的分布数据等，无数的统计方法和大数据分析工具被开发出来，顾客的需求被高度抽象化。针对某个具体的消费行为背后的消费心理和动机这一问题，大家通常是找到一个自认为合理的原因就结束了思考。

如果经营者仅仅是从下属精心整理的 PPT 中来了解顾客，根本讲不出几个有细节、有情境的用户故事，那么以此做出的产品又怎能不是表面功夫呢？企业如果用表面功夫做产品，那么想在产品上做出深度的差异化自然就十分困难了。"形式差异"分分钟就会被对手模仿，企业只能在品牌层面的差异上琢磨如何与对手有所不同，于是"始创者""领导者""更多人的选择""某某人的青睐"诸如此类的同质化口号就会被营销人员翻来覆去地使用。

从用户进步角度来理解产品

正如前面所言，品牌层面的差异只是给了顾客第一次选择的理由,传播推广可以吸引顾客的尝试消费,但只有产品能给顾客提供差异化的价值,才有可能带来产品的二次传播。品牌的差异化需要用具体产品来表述,因此企业仍要回到产品的战略决策上,即选择其中一个产品作为品牌的长期坚守,持续迭代升级,不断强化品牌认知,把品牌故事讲成商界的"传说",如张瑞敏砸海尔冰箱一样。

企业要找到品牌长期坚守的产品,就要聚焦市场消费的源头——源点用户,并探索是什么因素让自己的产品成为源点用户不变的刚需。经营者要把心思真正放在用户身上,而不是口头喊喊"客户是衣食父母",心里惦记的却是自身的利益;要用同理心来思考用户的生存环境,因为用户同样也面临残酷的竞争,同样也在为自己的生存与发展拼搏,同样也需要成长来实现自我价值。这就是"颠覆式创新"理论之父克莱顿·克里斯坦森○所关注的"用户

○ 克莱顿·克里斯坦森(Clayton Christensen),哈佛商学院教授,写有《创新者的窘境》《创新者的解答》《创新者的基因》《创新者的任务》等著作。他在《创新者的任务》中提出的"用户目标达成理论"被认为解决了颠覆式创新理论未能回答的问题:在哪里去寻找新的商机,如何预测或阐释企业应该如何创新才能颠覆市场中的领先企业,或者去哪里开拓新的市场。

进步"。他明确提出要把"用户目标"界定为某人在特定的情境中想要获得的进步。受此启发，我重新定义了"用户痛点"这一概念：用户持续进步的个性需求就是"用户痛点"。

基于企业不变的长处，通过持续创新来服务这个不变的"用户痛点"——用户的持续进步，便是我所理解的"聚焦"的本质，也是企业战略的核心所在。

顾客不是要买一个"钻头"，而是需要用钻头打一个"洞"。"用户痛点"便是这个"洞"，这个"洞"需要企业用具体的产品来达成，我把这种具体的产品命名为"认知产品"——通过解决用户痛点建立品牌认知的产品。这也是我在产品层面对"单一认知，多元经营"做出的第三层解读：用认知产品建立新顾客的单一认知，其他多元产品满足老顾客的多样需求。

用战术盘点来理解产品

自 2014 年在品牌传播层面第一次提出"认知产品"这一概念以来，我就期望它用于建立企业外部顾客的"单一认知"，并以此为牵引理顺企业内部的产品运营，从而来解决企业多元经营的难题。在我看来，企业找到品牌的差异化概念并确定认知产品便是解决这一难题的关键。经过多年的实践探索，我研发了"战术盘点"这一工具，通过向内盘点企业长处，向外盘点用户痛点，来打通企业内外的连接。同时我也提出运用"痛点定位法"高效确定企业的"认知产品"，并以用户痛点为基准梳理出"认知＋配套＋周边"的产品生态结构。

"战术盘点"这一工具可以突破企业的认知瓶颈。企业从重复出现的"有效战术"中了解"自己"，从解决"用户痛点"的"支点战术"中了解"顾客"，最终立足"用户痛点"来深度理解"产品"，做真正有差异化价值的产品创新，从而构筑竞争的壁垒。但是，企业想要深度理解顾客、理解产品，还需要从"有效战术"背后的发明人——"战术英雄"身上入手，他们"听得到炮火"，在市场一线解决顾客的问题。经营者要用他们的知识去做决策，这才是合理的逻辑。如何培养更多的"战术英雄"，如何围绕"战术英雄"配置资源以及梳理业务流程和组织结构，这是值得经营者深入研究的课题。

小结

对"单一认知，多元经营"这一理念的三层解读：

- 第一层解读：单一的长处认知，辅助多元经营的能力。

- 第二层解读：单一源点用户认知，辐射多元跟风顾客。

- 第三层解读：用认知产品建立新顾客的单一认知，其他多元产品满足老顾客的多样需求。

CHAPTER 2

第二章

什么是认知产品

02

本章四问

第一问：企业的成果是什么

第二问：什么是品牌认知

第三问：品牌概念越大越好吗

第四问：如何定义认知产品

试着先写下您的思考与理解：

....

....

....

....

第一节　企业的成果是什么

企业唯有创造利润才能生存与发展。有人甚至认为不盈利的企业是不道德的，也是不合法的。但是，盈利动机并不能作为企业经营的目的，就如同人们生活的目的不是吃饭一样。彼得·德鲁克认为利润只是经营活动有效性的检验，盈利是企业实现持续经营的限制性因素，更好的盈利能让企业更长久地生存。

彼得·德鲁克明确界定企业的成果在外部，企业的目的是创造顾客。企业必须走在顾客前面，要善于分析顾客未意识到的需求，而市场营销则要致力于将顾客的潜在需求转化为实际需求，比竞争对手更好地满足顾客的需求。

德鲁克主张由外而内认识企业，企业是由顾客定义的，顾客认知并体验到的价值和选择决定着企业的一切。企业只有在创造顾客需求的过程中才能实现利润最大化，这就相当于创造企业自己。

杰克·特劳特[○]进一步明确要在顾客心智中界定企业成果。由于顾客面临的选择极多且丰富，企业必须在顾客的心智中给自己找到一个位置，企业的产品要出现在消费者的购物清单上，当人们产生某种消费需求时能第一个想到自己。只有先建认知，品牌才有机会被选择。

企业内部只有成本中心，包括利润都被德鲁克视作企业持续经营的成本，他甚至说：有关利润最重要的事实是，其实并没有利润这回事，只有成本。[○]重复一遍，先建认知，后做生意。企业只有建立了品牌认知，才有机会被顾客选择，顾客支付后才能产生利润。企业也只有成为

○ 杰克·特劳特（Jack Trout）与艾·里斯（Al Ries）合作创立定位理论，指出商业竞争发生在顾客心智，是心智之战（Battle in the Mind）。特劳特定位丛书有多个译著版本，机械工业出版社出版的邓德隆、火华强译本经过译者与特劳特先生的面校核对。

○ 引自1999年上海译文出版社出版的彼得·德鲁克的《变动中的管理界》一书。德鲁克把企业财务报告中所呈现的"利润"视为三种可量化的成本：①作为补偿企业继续存在的成本的"风险报酬"；②作为支付未来工作费用的资本来源；③作为创新和经济增长的资本来源。

某一个顾客群体的首选，才能将企业的创新和市场营销兑换成持续有效的经营成果。

品牌认知是企业真正的成果

现实中，有多少企业轰轰烈烈的市场营销活动最后只是"雷声大雨点小"，又有多少企业殚财竭力的产品创新不被市场认可和接受，其根本原因在于它们没能在顾客心智中建立起有效的品牌认知。品牌认知不能只是企业自我定义的概念，它更应该是能被顾客从众多同类品牌中做出区分识别且认同信任其差异化价值的顾客认知。

品牌因为"先入为主"而成为顾客做消费选择时的认知参照，企业因此可以享受品牌溢价，从而掌握市场的定价权和主导权。一旦品牌认知得以建立，竞争对手就难以复制这个认知，因为心智具有排他性，其他对手很难从顾客的心中把该认知抢去，即使竞争者宣称它们的技术更佳、品质更好、团队更优秀、资本更雄厚……顾客心智也通常难以改变。产品可以被模仿，技术可以被抄袭，团队也可以被挖墙脚，唯有品牌认知牢不可破，才能筑建起企业最为强大的护城河。

拥有差异化品牌认知才是企业持续创造利润的基础保障。企业的一切运营动作应该围绕品牌认知去设计，企业的战略也应该围绕品牌认知去展开。企业的生命存续在品牌认知之上，只有以建立并强化品牌认知为目的的创新才能创造企业成果。

如果在顾客心智中建立的品牌认知不清晰、不明确，企业的经营就会失去一以贯之的方向和压舱石。团队会因为各自喜好和价值取向的不同而产生困扰和争执，经营者会困扰于市场推广所遇到的种种阻力，困扰于外界层出不穷的机会诱惑，困扰于管理层朝令夕改的政策，最终企业会忘却初心、迷失方向。

认知成本是企业获得成果的最大障碍

顾客的大脑不是企业可以任意涂抹的一张白纸，企业要在顾客的心智中植入自己的产品，通常就需要挤出其他企业的产品。这个认知成本是巨大的，是企业兑现绩效成果的最大障碍。

企业打造优秀的品牌起步于开创新需求、开辟新市场。因为人们总会质疑新生事物并担忧消费风险，所以认知成本很大程度上就体现在打消顾客的质疑并引导他们做出尝试消费上。从说服敢于尝试吃螃蟹的少数顾客开始，企业需要扛下早期因产品的不完善而带来的负面影响，以点带面逐步改变消费者的消费习惯。建立品牌认知的成本无疑是巨大的，很多时候不是砸钱就能解决的。恒大冰泉的困境可见一斑，尽管它只是一个人人都能喝得起的矿泉水品牌。

　　有开创品牌自然就会有跟风品牌。跟风品牌虽然看起来是搭上了他人辛苦培育出来的市场便车，但是要把开创品牌和领导品牌从顾客心智中移出，再把自己的跟风品牌放进去，几乎是个不可能完成的任务，除非开创品牌和领导品牌再三犯错。作为备胎选择的跟风品牌，它们的认知成本则体现在被先入为主的品牌处处压制，体现在要应对市场的各种挑剔和更高的经营门槛，体现在被渠道客户当作博弈的棋子。

　　跟风品牌要么去做边缘空白市场的生意（相当于空白市场的开创品牌），要么用低价来吸引低势能消费者的尝试消费。随着信息的逐渐对称，市场的马太效应开始发挥作用，跟风品牌前期好不容易开发出的市场轻易就会换了方向。随着市场的不断成熟和顾客消费的升级，跟风品牌很快就会被人们所遗忘。

品牌认知的力量

　　人们通常会对身边无孔不入的广告熟视无睹。如果我们能将品牌信息楔入顾客心智，那么建立起的顾客认知将给品牌带来巨大的收益。

　　不少企业喜欢做盲测试验来佐证自己产品的品质和口感丝毫不逊于头部大牌，但一旦贴上了品牌标签，顾客还是愿意相信头部大牌的品质更优、口感更好。南孚碱性电池用"聚能环"概念建立起电量更充足的认知，其实背后的事实是南孚电池中用了一个防止漏电的塑料片。所以我们常说，顾客认知大于企业事实。

　　一个品牌一旦在顾客心智中建立起认知，无论市场信息多么杂多，顾客总能从中感知并检索出自己业已熟知的品牌产品。顾客会忽视竞品品牌甚至会主动阻止竞品信息的进入，让竞品信息成为背景衬托（尽管事实上竞争对手的广告投放量可能更大）。《定位：争夺用户心智的战争》一书描述的"长岛银行"就是一个典型的案例。

　　"顾客认知大于企业事实"强化了这样的经营理念：品牌战略本质上就是要影响并掌控顾客的认知。

　　顾客对于不熟悉的品牌总会吹毛求疵，而对于已建立认知的品牌则会体现出更多的包容和理解，他们会更为乐观地看待品牌的积极面，甚至会为品牌的瑕疵和试错做辩护。若产品能给顾客带来良好甚至超出预期的体验，那将会进一步强化顾客的品牌认知。老顾客基于对品牌的信任，更愿意消费该品牌更多的产品，更乐于与该品牌积极互动，更会主动提出升级需求并自发做品牌的二次传播。不少企业总是忙于追逐新顾客，而忽视了对老顾客的维护，这很大程度上是因为他们没能深刻理解品牌认知的巨大价值。

　　心理学中有个罗森塔尔效应[⊖]，它揭示了更为深层的认知逻辑。人们因为对某个事物形成的期望，会使事情往这个期望的方向上发展。或者说，你期望什么，你将会得到什么。你若把他人当作朋友，他便成朋友；你若把他人视为敌人，他便成敌人。从这方面来看，认知会创造事实。

　⊖　美国罗森塔尔（Robert Rosenthal）在 1968 年《课堂中的皮格马利翁》一书中提出，教师对学生的高期望会对学生的学习成绩等方面产生积极的效应，这又称为皮格马利翁效应。

当人们认可并相信品牌的创新理念和价值使命时，社会就会为之生发出巨大的情感力量，就像人们支持被美国打压的华为一样，已建立的品牌认知反而会帮助企业渡过危机，助力企业将梦想变成现实。

我将认知与事实的关系概括为：认知大于事实，认知强化事实，认知创造事实。随着脑科学和认知科学的发展，我们对顾客的认知心理、认知行为也将会有更加深刻的理解，并以此助力企业走上品牌强国之路。

第二节　什么是品牌认知

美国市场营销协会（AMA）如此定义"品牌"：品牌（Brand）是用以识别一个或一群产品或服务的名称、术语、象征、记号或设计及其组合，以和其他竞争者的产品或服务相区别。

品牌是顾客用以识别和区分的标识，所以"差异化认知"才能成为品牌认知。如何确定一个能被顾客识别出差异的品牌认知是品牌定位理论要研究的重要内容。

什么是品牌定位

过去人们研究定位理论，常常会陷入一个认知误区：行业领导地位就是最大的差异和认知优势。于是，企业为了把握当下最大的市场机会而将某个领域的领导地位视为品牌定位。因为人们经常忽视在顾客心智中建立品牌市场领先认知的重要性，故而在给企业的定位建议中咨询顾问基本上都会加上这么一条：企业要加大传播力度，要发出比竞争对手更大的传播声量，甚至要抓住时间窗口采取饱和攻击来抢占顾客心智。

如果企业的业务模式成熟清晰，万事俱备只欠缺传播东风，那么点上传播这把大火企业当然能获得稳定、可持续的增长回报。但如果经营者希望通过大声量传播来解决企业当下经营不善的难题，效果可能就并不理想。虽然加大力度传播"市场领先""遥遥领先""全球领先"这些口号能快速吸引部分客户做尝试消费，但是如果企业的业务模式尚在试错摸索中，产品不够完善、用户体验不足以沉淀足够多的复购消费，要靠广告的持续投放才能维持业绩的话，那么这种营销方式反而会加重企业的负担。

品牌传播建立认知是市场营销必要的一环。通过传播建立一个差异化认知，吸引一群特定的客户，并通过与这一客户群体的深度互动来升级产品，完善业务模式，以实现可持续的业绩增长，这是市场营销的核心内容。而选择建立什么样的差异化认知，则是企业战略考量的首要任务，它集中体现了企业理解市场的独特视角，体现了企业的主观能动性和创造性。

让我们回到特劳特先生提出"定位"一词的初心本意。特劳特最初如此定义"定位"：在潜在的顾客心智中，针对竞争对手的位置，确立自己有利的位置。"有利"是个相对用词，而且凡事有利有弊，判断什么是"有利"没有一个可实操的标准。后来特劳特先生在《与众不同：极度竞争时代的生存之道》一书中对"定位"做出新的定义：在潜在的顾客心智中与竞争对手形成区隔或差异化。消费者很难识别谁比谁更好，但很容易识别谁与谁不同。

开创新品类是差异化，做细分领域的专家是差异化，热销是差异化，行业领导地位是差异化，新一代是差异化……于是，我们就有了常见的定位打法，信奉定位理论的朋友认为给出企业的定位建议似乎也不难。然而，一旦深入思考就会发现，一个品牌的成长历程几乎涵盖了特劳特在《与众不同：极度竞争时代的生存之道》中描述的几

⊖　该书已由机械工业出版社出版。

种差异化，从"开创者""专家""更受青睐""热销""领导者"
到"新一代"。难道在品牌不同的发展阶段，品牌诉求也
要跟着不断调整吗？不是说"顾客心智难以改变"吗？是
否应该有一个一以贯之的品牌诉求呢？

其实，熟读定位相关书籍的朋友不难发现，有句话在
书中重复出现——"一词占领头脑"。概念是相对稳定的，
把上述差异化表述理解为品牌的动态信任状[⊖]，是不是更符
合认知规律呢？因此，我把"一词占领头脑"换成另一种
表述来定义"定位"：

品牌定位 = 让品牌在顾客心智中占据一个差异化概念

我在《认知战：30秒讲好品牌故事》一书中提到：
当人们要从众多车系中遴选一个具体的汽车品牌时，总
是会有一个概括性的概念来定义这个品牌的特性，而不
会去尝试记下它的全部资料，类似奔驰的"尊享"、宝马
的"驾驶"、沃尔沃的"安全"、特斯拉的"电动"、MINI

⊖ 为了打消顾客的消费顾虑，降低其消费风险，品牌需要提供可以自
证的事实承诺，或第三方机构提供的权威认证，或意见领袖的示范证
言，或消费者的体验口碑等信息，我们皆称之为品牌信任状。

Cooper 的"小型"、法拉利的"速度"、吉普的"越野"、哈弗的"平价 SUV"……如果品牌在顾客的脑中没有一个清晰的概念与之关联，那么被选择的可能性就很小了。

品牌认知就是品牌可以占据的一个差异化概念。企业要创造出这么一个差异化概念并不容易，它要满足以下条件：

（1）在企业端，这个概念要能体现企业的长处和能力优势，且符合行业发展的大势。

（2）在顾客端，字面上看每个字词都熟悉，但"旧元素，新组合"的创意新词既要能激发人们的情境联想和关注兴趣，又要能体现出品牌所解决的痛点价值。

（3）在竞争端，虽然对手可以抄袭模仿，但是顾客可以通过消费体验做出区分比较，优势在我，再加上必要的传播就能进一步放大认知优势，最终牢牢占据该差异化概念。

由此可见，类似"驰名商标""财富 500 强""领先品

㊀ 详见《认知战：30 秒讲好品牌故事》第一篇"生存篇"，第 17 页。

㊁ 广告大师韦伯·扬认为创意就是"旧元素，新组合"。现实中成功的创新无一例外也都是从旧元素的新组合中产生的。

牌""高端品牌"等不能理解为品牌认知，因为顾客无从做出区分。"领导品牌"⊖虽然是一个差异化概念，但作为代言品类的行业领导者要把做大品类需求当成自己的战略任务，仅仅诉求企业是某行业的领导品牌是远远不够的。

品牌认知的排他性与少数性

除了差异性外，品牌认知还有另外两大特性：排他性和少数性，下面我们来详细阐述这两大特性。

1. 品牌认知的排他性

特劳特在《新定位》⊜中提出六大心智规律。结合认知心理学的新成果，我在《认知战：30秒讲好品牌故事》一书中提出新六大心智规律⊜。

规律一：心智容量有限。

规律二：快思慢想。

⊖　我国广告法允许行业前三的品牌诉求"领先"，但只有经权威机构认证的市场份额第一的品牌才能诉求"领导"。

⊜　该书中文版已由机械工业出版社出版。

⊜　详见《认知战：30秒讲好品牌故事》第二篇"顾客篇"，第59～69页。

规律三：看到你想看到的。

规律四：心智拒绝复杂。

规律五：心智缺乏安全感。

规律六：先入为主。

我们可以从规律六"先入为主"中导出品牌认知的排他性：一个概念只能被一个品牌占据，一个品牌只能占据一个概念。

品牌认知的排他性便是抢占顾客心智的理论依据。尽管我们无法阻止差异化概念被他人抄袭，但是一旦我们在顾客心智中建立起品牌认知，其他品牌想要把我们从顾客心智中挤走并抢占，这几乎是不可能的，即使它们花费数倍乃至数十倍的资源投入。

2. 品牌认知的少数性

不存在人人都满意的品牌。每个人的喜好不同，没有一个品牌能被所有人喜欢，也没有一种产品可以满足所有人的需求。品牌无法取悦市场中的每一位消费者，只有差异化、与众不同才能造就企业的品牌，而差异化本身就是"汝之蜂蜜，彼之砒霜"。

"求同存异"可以帮助我们识别哪一类顾客能成为品牌的源点用户，哪一类顾客只是在做跟风消费。除了满足实用功能外，品牌还提供了人们进行身份识别与社群交往的符号功能。

每一位消费者都有其相对擅长且热衷的消费领域，乐于用相匹配的品牌消费来展现自己的个性（"异"的部分），同时也有其不愿多花费精力去研究的消费领域，会倾向于跟身边的人做相同的消费选择（"同"的部分）。于是在不同的消费情境下，同一个消费者或表现成意见领袖，或表现为人云亦云的从众者。同样一个消费情境，一类人表现为源点用户，另一类人则表现为跟风顾客。

一个品牌只能服务部分顾客。企业找到心仪自己品牌的源点用户，付诸80%的精力服务好他们就可以了。源点用户对品牌的信任度越高，他能影响到的跟风顾客就越多。企业要学会拒绝非适宜的顾客需求，甚至无须对跟风顾客投入过多的营销资源。

因为一个品牌只能服务一部分顾客，一个品牌只能占领一部分市场，所以很多企业尝试在自身能力范围内采用多品牌策略来满足不同顾客群体的不同需要。

关于多品牌战略

一个企业可以运作单一品牌，也可以运作多个品牌，但企业不能把每个产品都视作独立的品牌来运作。一方面，企业没有能力把每个产品都做出可被顾客识别的差异；另一方面，顾客心智根本装不下那么多品牌，企业也没有那么多资源把每个品牌都植入顾客心智中。

现实中，有的企业的多元化采用品牌延伸策略，用单一品牌覆盖所有产品，有的企业的多元化采用"宝洁模式"——企业品牌＋多个独立产品品牌，还有的企业采用混合模式。《认知战：万唯中考战略解密》[⊖]一书中对"品牌延伸"与"宝洁模式"做了较为深入的探讨，感兴趣的读者可以参看。

对于大多数企业而言，我建议先把单一品牌的运作逻辑弄清楚，有了相关的知识储备和人才储备再来考虑多品牌的运作模式。企业实力不够强就不能起步就学宝洁，要知道宝洁的多品牌模式是历经近百年才逐步整合而成的。

⊖　该书由西安出版社于 2021 年出版。

很多时候，企业拓展多元业务似乎并没有多少障碍，有资源、有人力、有信心就去做了，但是服务不同的消费群体需要不同的知识和能力，多品牌战略的最大瓶颈在于知识（人才）瓶颈。所以，企业的多元经营还是要量"知"而行。

第三节　品牌概念越大越好吗

从企业的角度来看，品牌概念似乎越大越好，因为这样企业就能涵盖更多的产品和业务，包括现在已有的产品和未来可能有的产品。但当业务规模越做越大，需要几个乃至几十个总裁级高管分管企业不同的业务板块，需要设立董事局的时候，找一个概念来描述企业全部的产品就十分困难了。

现实中，有头部企业做榜样，即便自己的企业规模不大，大多数经营者还是会青睐"大概念"。于是，大家通常会看到家居品牌往往都选择主打"全屋定制"，网络培训机构喜欢主打"在线教育"，从事保险、小额贷款的企业爱定位为"金融服务"，做开关起家的企业会包装成"建筑水电系统集成商"，等等。但概念真的越大越好吗？

大概念的三大弊端

（1）大概念的第一大弊端是认知同质化。

当每个企业都认为概念越大越好的时候，消费者就很为难了。每位消费者的需求都是具体而微的，是针对某一种特定的产品或服务提出来的，人们通常无法直接从同质化的大概念中找到自己想要的产品。很多消费者没有兴趣和精力去区分不同企业的特色专长，绝大多数消费者也缺乏分析比较各家企业优劣势的专业能力，因此大概念导致的认知同质化会抑制很多消费需求。

（2）大概念的第二大弊端是它容易被对手用分化概念攻击。

事实上很多创业公司都是从小概念开始的，我国市场经济的蓬勃发展与庞大体量给了企业太多市场机会与红利。然而，在具备一定实力之后大多数企业会转向多元化经营，其品牌概念越来越大。西方发达国家已经历过这样的市场发展过程，20 世纪美国企业的历史演进[⊖]给我们提

⊖　20 世纪六七十年代，在严厉的反垄断政策背景下，美国企业谋求多元化发展战略，多元化的大企业蓬勃发展成为美国经济的一个显著特征。据统计，1970 年美国最大的 500 家工业企业中，94% 的企业从事多元化经营。20 世纪 70 年代的石油危机和经济周期让多元化的企业举步维艰，在以 KKR 为代表的产业投资机构的杠杆操作下，通过分拆上市，美国企业回归专业化经营的道路。

供了足够多的经验与教训。即使行业发展相对成熟，消费者能理解并接受大概念，比如"厨电""全屋定制"，我们也要认真思考：若是同行对手主动细分产品，采用更显专业性的小概念（如"电饭煲""橱柜"），那么自己品牌的认知优势还在吗？与其用大概念留给竞争对手攻击自己的机会，不如企业主动抢占更有发展潜力的小概念。

（3）大概念的第三大弊端是很难统一市场的二次传播。

老顾客有了良好的体验，会主动给品牌做口碑传播。但如果品牌方的大概念过于笼统，老顾客无法简单地向身边的人做传播，那么通常就只能用各自的切身体会来解读品牌，你说这个产品好，他说那个产品不错，传播内容五花八门。通过二次传播建立的品牌认知不统一，很难形成合力，这无形中就浪费了大量的传播机会。

差异化概念"宜小不宜大"

每个伟大的成功都是从小概念、小产品、微创新开始的。苹果公司靠的是小小的 iPod，腾讯靠的是 QQ，谷歌靠的是一个极简的搜索框。概念越小，越有可能被人们普遍接受，进而进入更多人的心智和生活，企业也就越有机会在其上构建一座大厦、一个生态。在我看来，概念越小，企业越容易被顾客识别；概念越小，企业团队越容易达成共识；概念越小，企业团队的执行就越简单；概念越小，企业收获的市场反而越大。

尝试写下您了解的"概念小市场大"的案例。

总体来看，小概念是品牌"活下去"的本钱。无论如何，企业要找到一个可以专属于自己的概念，哪怕当下这个概念很小，但只要它有机会进入顾客心智，企业就有了生存的基础，就有了活下去的可能。只要企业还在牌局中，未来就有更多更大的机会。

第四节　如何定义认知产品

品牌的差异化这一概念毕竟是抽象的，顾客需要借助具象的产品来理解并建立品牌认知。

认知产品的定义与命名

品牌传播是一个专业性极强的难题。让顾客记住企业那么多产品是不可能的，团队成员对选择其中哪一个产品来做集中宣传也通常会有很大的分歧。于是，在品牌传播上，对于企业的经营者来说，一种很常见的做法就是要么轮流推广不同的产品，要么集中资源宣传企业的品牌。

让我们尝试以消费者的身份回答下面三个问题：

（1）第一次接触一个陌生的新品牌，你关注的是品牌还是产品？

【答】世上的品牌千千万，哪有精力去了解一个又一个品牌。除非它的产品跟我有关系，是我真正需要的、感兴趣的。

（2）提及一个熟知的品牌，你会联想到什么？

【答】我通常会想到第一次消费的产品，因为我对首次消费的产品印象最深，或许我还会记得其他几个有特别（差异）体验的产品。

（3）作为品牌的忠实顾客，你会如何向身边的朋友推介它？

【答】我会讲它的哪个产品很棒，棒在哪里。至于品牌有多少家门店、销量遥遥领先、畅销全宇宙之类，我通常不会介绍，这看起来会让我像是品牌的托儿，拿了企业好处的那种托儿。

这个编撰的回答有我个人演绎的成分，或许与消费者真实的回答有些出入，但不可否认的是，消费者对品牌的认知是建立在其产品之上的。用哪一个产品建立品牌认知是企业必须回答的问题。

1. 认知产品的定义

基于以上分析，我将认知产品定义为企业用于描述品牌差异化概念的具象产品。

认知产品＝描述品牌差异化概念的具象产品

在认知战体系中，我提出认知产品就是品牌定位，而把人们习惯使用的"开创者""专家""热销""领导者""新一代"等作为认知产品在品牌不同发展阶段的信任状。

认知产品是描述品牌差异化概念的具象产品，它不单单是一种产品概念，而且还是一种支点思维模式。它可以用来描述包括一种产品、一项服务、一个业务板块在内的任何事物中最具有差异化的特性部分，并以此来建立（外部）顾客认知。例如，茅台占据了"高端酱酒"概念，其认知产品是飞天茅台；奔驰占据了"尊享"概念，其认知产品是奔驰 S600；万唯中考占据了"原创题"概念，其认知产品是《试题研究》；潞安府占据了"潞绸被"概念，其认知产品是龙凤婚被；丰胜占据了"花园木"概念，其认知产品是户外地板。

　　试着根据上述认知产品的定义写出您个人品牌、所在企业的认知产品。

....

....

....

....

2. 认知产品的命名

　　现实中，对于企业不同类型的产品，人们通常有很多种命名，比如"招牌产品""主力产品""吸客产品""流量产品""战略产品""盈利产品""定位产品"等。还有著名的波士顿矩阵中的明星产品、金牛产品、问题产品和瘦狗产品。

　　从上述产品命名中，我们不难看出它们都是从企业的利益诉求、运营需求出发，站在企业的角度而不是顾客的角度来考虑产品的命名的。因此，当我们在工作中用这些词来进行交流时，潜意识中便在影响企业做利己思考，在为"自生"而焦虑的同时，顾客的利益自然也就容易被忽视。

　　基于此，我强烈建议企业采用"认知产品"以及后面的"配套产品""周边产品"术语进行内外部的沟通与交流，因为它们是站在顾客的角度来定义的，它们会时刻提醒企业人关注顾客，关注顾客的利益。

小结

- 品牌定位是让品牌在顾客心智中占据一个差异化概念。
- 认知产品是描述品牌差异化概念的具象产品。

第三章

为何要强推认知产品

03

本章四问

第一问：如何理解"满足顾客需求"

第二问：认知产品不清晰有何后果

第三问：如何用认知产品拓展新客户

第四问：企业的聚焦与多元如何平衡

试着先写下您的思考与理解：

第一节　如何理解"满足顾客需求"

　　毋庸置疑，"满足顾客需求"是企业经营的基础理念。

　　关于顾客需求的论著汗牛充栋，这里我们无须多加赘述。有个常见的现象值得我们深思：绝大多数创业公司都是从模仿开始的，对创业者来说，模仿成功企业的发展之路似乎是最直接、最快速、最有效的。当企业探索出一条差异化经营之路并赢得某个业务领域的主导地位后，经营者通常就会做多元化的拓展，而多元化最终又让企业的经营趋向同质化。现实中能把差异化经营长期坚持下来的企业并不多见。这种现象的出现是由多种因素造成的，这里我仅从"满足顾客需求"这一角度做一个粗浅的探讨。

"满足顾客需求"就是"用不同产品满足不同顾客的不同需求"吗

全国性的市场过于庞大复杂。对于同一个品牌，在不同地域市场或细分市场中顾客对其的认知是不同的，不同顾客群体的消费需求也各有差别。正常来讲，仅仅凭借一个认知产品企业似乎无法满足不同市场、不同顾客的不同需求。更何况，企业还面临不少如下两难选择。

- 渠道客户的需求各不相同。企业是选择 A 策略——用一个认知产品打通全渠道，还是选择 B 策略——给不同的客户开发不同的产品，保证客户的独家代理权？

- 产品的消费往往具有时节性。企业在销售淡季，是坚持 A 策略——做认知产品的培育工作，还是选择 B 策略——开发其他的应季产品来提高销售收入？

- 市场总是有新的热点产品出现。企业如何应对市场热点？是选择 A 策略——坚守自己的认知产品不动摇，还是选择 B 策略——因损失焦虑而决定跟风开发新的热点产品？

- 产品本身有生命周期。企业是选择 A 策略——继续琢磨认知产品的迭代升级，还是选择 B 策略——老产品差不多已经够到天花板了，应该考虑用新产品去培育新的增长点？

上面每个决策其实都不容易做出，也并不存在什么标准答案，企业需要根据自身的实际情况来做判断。如果企业选择 B 策略的话，其经营者对"满足顾客需求"的理解可以解读为"用不同产品去满足不同顾客的不同需求"。如果用这个理念来经营企业，我们就会看到企业的产品结构总是处于不断变换之中。

表面上看，企业在主观能动地决定自己要做哪个产品，不做哪个产品，但实质上却是顾客（或者说市场）在决定企业应该做什么。当经营者被市场所左右时，不管企业的起点如何，渐渐地企业的产品就会越做越像，企业的经营方式就会越来越趋同。

试着列出您的企业自创立以来主导开发的产品清单，看看这个清单有多长。

如何应对顾客需求的改变

顾客的需求会因时因地而变。既然企业要满足不同顾客的不同需求，那么企业开发出不同的产品来应对也是合情合理的，或许这也正是企业的产品越来越多的原因之一。

那么，品牌有没有可能用同一种产品来满足不同顾客的不同需求呢？或者更进一步，用同一种产品只来满足同一类顾客的不同需求呢？

如今，大单品或爆品越来越受到人们的关注。其实，多数企业的创业通常也是从单品和单业务模式开始的，因为这种方式具有更高的运营效率。但是，用单一产品做出大的市场规模并非易事。一般来说，随着同行对手的快速跟进，竞争日益激烈，企业的业绩增长很快就会遇到瓶颈。于是，一旦企业凭借大单品模式取得了市场的领先地位，在多数情况下，在接下来的发展中，企业会选择走多元经营的道路。

相较于聚焦经营，企业更容易选择多元经营。我认为其根本原因在于企业对顾客需求的挖掘深度不够。或许我们可以从企业每年的研发投入比例中窥得一二。企业的创新力度不够，只是在满足顾客的浅层需求，就很难建立起竞争壁垒，对手一旦跟进模仿就会让自身的业绩增长受阻，于是企业就容易选择开拓其他新业务以稳定企业的发展。

与其在多元经营中艰难求生存，企业不妨转换一个新的理念：锁定同一类顾客，专注用同一产品来挖掘培育并升级他们的深层需求，解决顾客真正的痛点，做竞争对手看不懂的深度创新，在无争之地构筑起品牌认知并锻造企业的核心竞争力。

第二节　认知产品不清晰有何后果

西贝莜面村（以下简称西贝）是我在2010～2012年间服务过的一个老客户。近些年来，西贝像走马灯似的不断地更换其推广的产品，从"莜面""羊肉""草原的牛羊肉，乡野的五谷杂粮""黄馍馍""张爷爷的空心挂面""肉夹馍""大盘鸡""牛大骨""香椿莜面"，到近期的"儿童套餐"，等等。未来，西贝估计还会不断推销新的产品。

或许有朋友会问，西贝并没有只推一个认知产品，不照样发展得很好吗？难道西贝一定要有认知产品吗？一定只推认知产品吗？消费者认得"西贝"这个品牌不就行了吗？

上述观点只能说对了一部分。如果我们是西贝的忠实老顾客，了解西贝、信任西贝，或许西贝推哪个产品对我们的消费都没多大的影响，只要我们相信西贝的承诺：闭着眼睛点，道道都好吃。对于老顾客而言，虽然大家总想尝点新产品，但消费习惯一旦形成，就很难改变，多数情况下老顾客还是会重复消费过去的老产品。企业既然花了不菲的推广费用，自然不会只是为了满足老顾客"喜新厌旧"的心理需求，更多的还是希望能吸引到潜在的新顾客。

但是对大多数潜在顾客而言，因为西贝今天推广这个产品、明天宣传那个产品，所以大家对其品牌认知始终是模糊的、混乱的。如果在顾客记忆中企业的产品不能被清晰地检索出来，那么它就很难成为顾客的消费首选项。设想一下现实中的消费情境，在商场逛累了，吃点什么？辣椒炒肉？酸菜鱼？火锅？牛排？若有心仪的产品，顾客就会直奔门店而去；如果打不定主意，大部分人是走到哪儿算哪儿，哪家方便就在哪家消费。

企业产品越多，品牌认知越不清晰

对于昔日门户网站"三大巨头"之一的搜狐，我们还能记得它有哪一个资讯板块吗？还有多少人仍在浏览搜狐网页？以彩电起家的四川长虹走向多元化，最终没能守住彩电这个概念，如今在消费者心智中长虹是什么就很模糊了。以多元化著称的日本电器品牌，20世纪八九十年代有多风光，如今的衰败就有多落寞。值得每一个多元化企业警惕的是，由于不停地推出新产品，产品数目越多，企业的经营就会越复杂，就越有可能面临净利润率持续走低的困境。没有利润支撑的企业无力投资未来，也经不起大的风浪。

在顾客心智中没有沉淀记忆，品牌自然就没有多少机会被选择。企业对每个新产品的研究多是浅尝辄止，差异创新多停留在产品形式上，如换个包装、改个材质、调个尺寸，等等。经营者要做出有深度的内容创新即便有心也是无力，又如何能吸引顾客进行产品的二次消费呢？这时，面对业绩增长的考核压力，经营者首先想到的往往是去开发新产品，老产品因为缺少关注和资源投入，市场表现自然也就更不如人意，这反而又强化了团队对新产品的预期。品牌如果未能在一个产品阵地上持续精进、深入开拓，那么它早晚会被消费者所遗忘。

如果品牌的认知产品不清晰，那么它就难以持续开发客户，企业的发展战略也会因为认知产品的模糊而摇摆不定；团队成员会为各自心仪的产品找到辩护词，内部共识难以达成。于是，各种利益小团体自发形成，资源争夺内耗，执行力弱。在风口大行情时，企业的顺势发展会掩盖内部的矛盾与冲突，然而一旦经济下行、企业发展受阻，大家就能深刻地体会到人性的"江湖"。是什么造成了企业缺乏团队共识、难以齐心合力的困局？是"人性"的弱点还是"认知产品"不清晰？这些问题值得经营者深思。

回顾一下自己的创业过程，写下您对于认知产品的新体会。

第三节　如何用认知产品拓展新客户

得益于强推"认知产品"这一概念，我才有机会整理出版本书。自 2014 年我首次提出"认知产品"这一概念以来，随着对企业研究的不断深入，我开始陆续思考"源点用户""战术英雄""品牌故事""样板战略"，以及近期提出的"战术盘点""认知盘点""盘点教练"等一系列的新概念。当精力分散在这些概念上且关注的焦点随着新业务的开发而漂浮不定时，我没能围绕其中一个概念来整合经营企业的知识素材，并架构出一个逻辑自洽的体系。直到 2019 年潞安府的王淑琴点醒了我，"认知产品"概念才是我个人品牌的认知产品。于是，我才开始专注在"认知产品"这一概念上，开始持续探究它与其他概念之间的关系，并通过迭代升级"认知产品"课程，梳理出本书的知识框架。

同样的道理，如果经营者坚持只强推企业的认知产品，而不是随着顾客需求的变化而不断地变换企业发展的赛道，那企业的生命周期是不是就能更长久呢？

能不能持续不断地开拓新顾客，决定着企业能不能可持续发展。开拓新客户始终是企业经营的重心所在。开拓新客户（以下简称拓客）的方法有很多种，这里我们选取其中的三种做进一步的讨论与说明。

低价拓客法

低价拓客法最为常见，事实上它是一种交易成本最高的拓客法。不少企业热衷于低价拓客，在我看来原因如下。

首先，由于企业产品不少是跟风借鉴乃至抄袭竞品，因而企业在这些产品上实施高价策略就显得底气不足。正常来讲，对一个产品实行高定价是需要充分的理由的。如果新开发的产品是企业花费重金才研发出来的，那么经营者就不会轻易做出低价促销的决策。一般来说，低价促销的产品，多是市场的主流产品或热销产品。这类产品已经历过前期的市场测试和推广，业已培育出一定的市场规模。生产这类产品无须很多的研发投入，也不用花费多少试错成本，这就会给产品的低定价提供空间。

其次，经营者期望产品低价吸客之后能有机会继续开展后续的营销活动。低价吸引新顾客上门，有了顾客的初步认可后，企业就会尝试营销推广其他高利润的产品。虽然引导顾客从低价消费转化成高价消费相当困难，但是让团队成员放弃低价拓客似乎更加困难。相较于高价拓客需要更多的知识和耐心，把低价拓客转化为高价消费的概率虽然不大，但也并非全无。团队成员更愿意相信只要潜在顾客基数足够大，完成业绩任务就有希望。如果同行对手执行类似的低价策略也能吸引到客户，那就意味着企业吸引到的这部分客户容易在不同品牌之间做切换，企业也会因为这部分客户的黏性不足而导致业务的流失。从这个角度看，这类客户的基数再大，也无法保证团队成员能轻松地完成绩效任务。

最后，经营者期望通过"薄利多销"做出远超竞争对手的市场规模，这样不仅能解决企业总体盈利的问题，而且市场的垄断地位也会给企业带来一定的超额收益。这一想法在逻辑上是成立的，庞大的市场体量也让它有了实现的可能，但要取得成功，似乎并不容易，因为有同样想法的同行对手不在少数。一般来说，"没有最低只有更低"的价格战通常没有多少技术含量，也就意味着很难给企业带来可持续的竞争优势，经营者就需要在融资能力、团队治理、运营效率、市场规范、节奏把控、风险控制、危机公关与抗压能力等诸多方面展开比拼，它们都影响着企业的生死存亡。

从小卖部到超市商业综合体，从线下到线上，从网站电商到移动支付，尽管营销工具升级了，商业理论升级了，但大部分的企业生意经似乎还停留在传统的"薄利多销"上。

低价策略真的能"有效"拓客吗？我认为并非如此。表面上看，产品的低价有助于新顾客做出尝试性的消费，但从总体成本上看，低价拓客法的拓客成本却是很高的，其原因主要有以下几个方面。

（1）产品低价有可能会强化潜在顾客对新品牌的不信任感。人们总是习惯于用讨价还价来化解一定的消费风险，这无形中会抬高产品的交易成本。

（2）高价品牌相对清晰且通常会独立存在于顾客的记忆中。与之相反，低价品牌容易让顾客做出同质化的归类，建立品牌认知本身就不易，这种情况下，认知成本会更高。

（3）低价产品容易淹没在众多同类的产品中，不易被顾客从记忆中检索出，企业维护顾客的持续消费成本会更高。

（4）低价产品的同质化认知意味着容易被同类产品所替代，顾客的忠诚度低，企业维护渠道中间商的成本高，留存成本也较高。

（5）有些顾客会放大低价产品的瑕疵，负面口碑带来的损失通常也会被放大。

（6）企业希望低价能吸引来更多的新顾客，尽管会有一部分新面孔来尝新，但实际上老顾客的重复消费仍然是大多数。原本的正价销售被企业主动发展成为低价复购，给自己带来更大的利润损失。

由此可见，对于企业来说，采用低价拓客不仅成本高而且还不可持续。

有人会说，不少培训机构用低价甚至免费试听来获客，好像效果还不错。这里我们不妨来对这种方法做个解读。像"9.9元公开课"这样的产品，它并不是一个完整的产品，它只是用来获取顾客关注的产品"小样"，这个产品"小样"输出的内容经过百般打磨，质量上乘，让顾客初次接触就感觉它很值。然而，顾客一旦有了消费冲动，立马就会有暴雨般的营销来袭，999元、9 999元乃至99 999元的课程接踵而至。这种内容营销模式跟马路边的小广告其实并无二致。

如果企业输出的是"知识"，而不是实体的产品和服务，那么企业的边际成本几乎为零，这种情况下，降低门槛来获客的打法确实有效。但市场并不是只有一家内容提供商，会有很多同行运用同样的方法获取流量，这时，顾客依然会面临选择的难题。

当然，并不能说低价策略一无是处，比如把换季产品或过季产品进行折价销售就具有合理性。在我看来，低价策略只是不适合用在品牌经营上。

"低价"是顾客的痛点和价值吗？如果用本书第四章对"用户痛点"的定义来判断的话，大家就会发现"低价"无法实现用户的"持续进步"，更谈不上是顾客的"个性需求"。

流量拓客法

无论是传统以门店为经营主体的线下经销商、开网店的线上分销商，还是在手机上直播带货的主播，对于企业来说，开发渠道客户都是市场运营的一个核心环节。在选择渠道合作伙伴时，业务团队首先关注的是那些流量大的客户。流量大的客户，可以带来更多的销量，但同时企业付出的成本也会比较高，例如，大客户通常会要求较低的进货折扣、独家经销权以及更大力度的市场推广支持等，某些大客户甚至会拿竞品来搞平衡以增加自身的话语权。

　　渠道开发与维护是一门专业的学问。如果做个渠道盘点，我们就会发现真正给企业带来长期价值的渠道客户往往并不是那些拥有大流量的大客户，反而是那些凭借企业自身的品牌而创造出流量的成长型客户。大客户的既有流量来自同行其他品牌或渠道自有品牌的培育，那些对产品要求不高的消费者多是基于对渠道客户的信任，认可渠道客户的专业推荐，进而进行尝试消费或置换品牌消费。天下没有免费的午餐，企业希望通过拥有大流量的渠道客户快速兑换其销售业绩，渠道客户也希望企业能给出比其他渠道更低的价格来给自己的平台引来更多的流量，在这种情况下，对于企业来说，博弈下的妥协就会影响品牌价格体系的统一管控。

流量拓客法与低价拓客法都是不可持续的，它们无法为企业创造持续稳健的收益。从本质上讲，这两种方法并没有什么技术含量。"花钱买流量""让利给市场"的推广方式相对容易，企业接下来的推广就要拼资源投入了。如果资源不足就开始拼谁的成本更低，比拼到最后就只能拼规矩底线了。我们经常把对手突破行规或道德底线的做法视为"劣币驱逐良币"。既然大家都不喜欢"劣币"，那么首先就应该让自己的企业成为"良币"，用更好的品质、更优的价值去赋能市场，去创造新需求。

除非存在结构性的低价优势或流量优势，低价拓客法和流量拓客法很难为企业提供可持续的业绩贡献和产品收益，因此经营者不能将这两种方法作为企业的战略性策略频繁使用，更不能对这两种拓客法产生路径依赖。这里我们提出用认知产品开拓新客户（简称认知产品拓客法）的新思路。

认知产品拓客法

与低价拓客法和流量拓客法相比，认知产品拓客法最大的价值在于它具有可持续性，能不断地开拓新顾客。其主要原因体现在以下几个方面。

首先，认知产品是市场上最能体现品牌差异、最容易植入顾客心智的产品。即使顾客当下对认知产品没有需求，但他们会因为其差异而记住品牌。从建立品牌认知的角度来看，对于企业来说，认知产品拓客法是最有效、最经济的。因为品牌的差异故事更容易吸引顾客的关注，在这种情况下，不仅体验过认知产品的老顾客会做口碑的二次传播，已建认知但没有消费过的潜在顾客也可能会在恰当的时机做品牌的二次传播。

其次，认知产品本身可以给企业带来丰厚的利润。认知产品能提供足够差异化的价值，能解决用户的痛点，顾客愿意为认知产品支付较为高昂的价格，这是品牌可持续发展的物质基础。

再次，对认知产品（暂时）没有需求的潜在顾客，会因为认可品牌的差异化特性而对品牌的其他产品产生信任，在行业大部分产品同质化的情况下，顾客会优先选择品牌的非认知产品。

另外，用同一种认知产品开发新顾客、开拓新市场，顾客的认知是统一的，企业的运营是统一的，不同市场的经验知识可以借鉴复用，整体运营是高效的。尽管不同的市场需要培育不同类型的源点用户，认知产品拓客法的起步不如前两种拓客法来得快，但每位源点用户都能成为品牌的支持者，后期的维护成本反而会比较低。

最后，对认知产品有良好体验的源点用户忠诚度高，他们不仅会消费更多的非认知产品，增加企业的边际收益，还会利用自身的消费示范和信任背书源源不断地带动身边的人加入对品牌产品的消费中。更为重要的是，他们中的大多数能成为品牌的播种机、宣传员，这可以为企业节省大量的传播成本。在发展前期，企业依赖不断增加的源点用户实现稳步增长，当源点用户的数量累积到一定的规模，量变引发市场的质变时，成长曲线就会出现拐点，最终会让企业业绩在后期呈现指数级的增长。

用认知产品拓客，才能真正体现出企业的主观能动性，企业不会被顾客、渠道客户所牵绊，也不会因市场潮流裹挟而战略摇摆。

然而，相较于低价拓客法和流量拓客法，认知产品拓客法的执行就不那么容易了。团队成员质疑"认知产品拓客法"是可以理解的，因为没有现成的知识和经验，也无法参考他人的经验（理论上每个品牌的认知产品各不相同）。

　　我们在向企业客户推行认知产品拓客法时，常常会建议企业将业绩的总量考核调整为认知产品的销售业绩赋予80%的考核权重，其他产品赋予20%的考核权重。当然，如何针对企业的实际情况设计更为科学合理的考核方案，还有待于更多的研究者来做更为深入细致的研究。

　　请结合自己的实践经验，补充认知产品拓客法的其他优势。

....

....

....

....

第四节　企业的聚焦与多元如何平衡

相信每位经营者都思考过下面的问题：在能力和资源的制约下，企业应该如何平衡"聚焦"与"多元"之间的关系。现实的商业实践中，几乎没有不步入多元领域的企业，只是不同的企业其多元经营的边界不同而已。

"聚焦"有聚焦的利益，"多元"有多元的价值。企业无须为了在顾客认知层面做到纯粹的"聚焦"而在物理层面将现有业务"砍砍砍"全部精简掉，⊖也不能把"多元"业务摊得过大而让"聚焦"失去竞争优势。我认为，"聚焦"与"多元"应该互为支撑，相辅相成。企业在"聚焦"与"多元"之间实现平衡的关键在于理解"聚焦"产品／业务与"多元"产品／业务的主次结构和前后秩序，要先

⊖　详见《认知战：30秒讲好品牌故事》第五篇"单一认知，多元经营"。

有"聚焦"后有"多元"。下面我们将重点放到企业的"聚焦"上。

认知的聚焦

聚焦应该首先发生在认知层面，企业强推认知产品就是为了建立"单一认知"。如果品牌第一个进入顾客心智的是有差异化识别的认知产品，那么品牌推出的其他产品就很难改变顾客对认知产品"先入为主"的第一印象。顾客在提取品牌记忆时，首先会清晰地检索出认知产品，然后才会在记忆深处挖出相对模糊的其他产品。认知上的聚焦会导致有独特差异化价值的认知产品更多地被顾客选择，企业的其他产品被选择消费的机会自然就会减少。这样企业就会从顾客认知的聚焦顺利地过渡到业务经营的聚焦。

能力的聚焦

一说及聚焦，管理者很容易在产品或业务层面上思考：是不是这个产品出圈了，那个业务不适合做？"认知产品"这个概念表面看是落在产品上了，实际上它是基于企业的长处和能力的战略思考。企业应该把聚焦落在自身的能力上，产品只是外在的表现形式，企业的能力和知识才是聚焦的核心所在。按照这个标准，如果企业经营的产品和业务在其能力范围之内，那么这种多元经营就算不上是跨界了。当然，准确客观地理解企业自身的长处和能力并不是一件容易的事。

顾客的聚焦

企业通常会从市场机会、业绩期望等角度来考虑新产品、新业务的开发。这就往往会导致不同的产品各自的任务不同，产品之间的关联结构混乱，如果企业在此基础上做业务的聚焦，通常就会理不清头绪。

企业应当针对某一类顾客（源点用户）进行产品和业务的聚焦。具体来说，企业可以用认知产品培育源点用户，然后根据源点用户的需求，为其开发配套产品和周边产品（这部分内容我们将在第五章中详细讲述）。对于经营者来说，企业以认知产品为主，以配套产品和周边产品为辅，构建起主次分明、结构有序的产品体系，将会大大提高其经营效率。

从顾客聚焦的角度来回答本章第一节的选择策略，我们就不难对企业的业务发展提出如下的建议：开发匹配源点用户的渠道客户，针对源点用户开发应季产品，站在源点用户的角度来理解热点产品的创新价值并做适应性的跟进开发，升级认知产品以满足源点用户的更高需求。

干部的聚焦

产品和业务创新并不是一件容易的事。前文提及，认知产品确定后，经营者的重心应该放在干部的培养上。我在《认知战：万唯中考战略解密》一书中第一次提出"品牌拓界三原则"：主导原则、信任原则和英雄原则。其中对英雄原则做了如下解读：经营者要把战术英雄作为企业的终极产品来孵化、培养。战术英雄的能力在哪里，品牌的边界就在哪里，这才是品牌拓界的底层逻辑。[○]关于这部分内容我们在本书的最后两章中再详细论述。

需要说明的是，配置了资源的业务未必就能成就英雄，正确的做法是等英雄现身后再给资源。

"聚焦"与"多元"之间的平衡，最核心的在于先有

○　参见《认知战：万唯中考战略解密》第 61 页。

"聚焦"，后有"多元"，"多元"建立在"聚焦"之上。企业不能把产品与产品、业务与业务割裂了分开看，它们统一在一个品牌认知之下，服务于同一个源点用户群体，成长于企业不变的长处与能力之上。

小结

- 不管新顾客有何需求，企业一律强推认知产品。
- 用同一个认知产品去满足不同顾客的需求。
- 企业要先有"聚焦"，后有"多元"，要聚焦产品、聚焦长处、聚焦顾客、聚焦英雄。

第四章

如何挖掘用户痛点，确定认知产品

04

本章四问

第一问：什么是用户痛点

第二问：如何找到用户痛点

第三问：什么是痛点定位法

第四问：如何推进落实认知产品

试着先写下您的思考与理解：

第一节　什么是用户痛点

有这么一个故事，亚马逊创始人杰夫·贝佐斯经常被问到一个问题："未来十年，会有什么变化？"贝佐斯反问为何不问"未来十年，有什么会不变"？他认为第二个问题比第一个问题更重要，因为我们需要将战略建立在不变的事物上。

产品形态在变，技术在变，工具在变，商业模式在变，新理论层出不穷，新概念满天飞舞……但我们不能困扰于"唯一不变的事物是变化本身"而成天去研究"变化"，而是要用"日光之下，并无新事"来理解那些千百年来并未发生变化的事物，把资源和时间聚焦到"不变"上，这样才能做到"以不变应万变"。

我们需要从万般变化中寻找哪些是不变的，例如人性通常是不变的，并将企业战略构建在不变的事物之上。前面讲到要"聚焦"企业长处，这也是不变的，它建立在经营者的个体禀赋和"三观"（世界观、价值观和人生观）的基础之上。

什么是不变的事物

1. 什么是企业的不变

个人的禀赋个性通常是很难改变的，一个人也只有在他擅长的领域才能获得成功。个体如此，组织也同样如此。企业的长处首先源于经营者的个人特质和能力优势，这是企业不变的那一部分。

认识自我，辨析企业的长处是企业制定战略的出发点。然而要辨识企业的长处并不是一件容易的事。一般来说，企业在不同的行业、不同的发展阶段，面对不同的竞争对手会表现出不同的竞争优势。人们往往习惯于用结果来归因，如果企业发展顺利，经营者往往会把好业绩归功于自己的能力，从而高估自己；如果企业遭遇逆境，经营者往往会把坏业绩归因于自己的能力不足，从而低估自己。这就会给企业辨识自身真正的长处造成障碍，那么如何正确认识企业真正的长处呢？在我看来，"战术盘点"工具就是有效识别企业长处的一个好工具。

"战术盘点"工具通过梳理企业的有效战术，从企业长期的市场实践中、从企业反复出现的行为中理解企业的思维模式和独特创造。凭借这种工具我们就有可能准确地理解"核心竞争力"的真实含义——企业在长期实践中沉淀积累的"实践理性"。这种"实践理性"不会因竞争环境的变化而改变。

有长必有短。我们认识了企业的长处，同时也就明了企业的短板。企业应避免进入自己不擅长的领域，不要让短板限制了自身长处的发挥。

2. 什么是顾客的不变

那么顾客端的不变又是什么呢？

消费者的需求似乎总处在不断变化之中，人们也经常困扰于顾客"喜新厌旧"的表象。尽管消费者总会对新产品、新概念好奇，但我们要研究是哪种不变的需求在左右消费的选择。在做市场分析时，我们应将研究重点放在人性中"不变"的那一部分上。

关于消费"痛点"的解读众说纷纭。有这么一种看法：痛点就是未被满足的刚需。深入思考的话，什么是"刚需"其实也同样言人人殊。似乎没有哪一种产品是人们不得不消费的，因为市场总是能提供众多的选择。

中秋节吃月饼、端午节吃粽子，是节日时人们的消费刚需。结婚送钻戒也只是20世纪90年代才开始流行的"刚需"。没有乔布斯带领团队打造出的iPhone，智能手机可能也不会成为"刚需"，当初大家用按键手机打电话、发短信也并没感到有何不便。

今天的"刚需"是靠昨天的努力培育出来的，是在如乔布斯这样的商业英雄的带领下创造出来的。今天的努力或许能创造明天的"刚需"，或许你就是那个创造未来"刚需"的商业英雄。

品牌的终极任务就是创造出某一类顾客的"刚需"，换言之，就是解决某一类顾客的痛点。

用户痛点的定义

克莱顿·克里斯坦森在《创新者的任务》一书中提

出，企业在做产品决策时，重点不是产品和竞争，而是客户（在特定的情境中）想要的进步。受此启发，我认为企业应该站在用户的视角，理解用户在其所处的竞争环境下如何能更好地生存与发展，于是我提出将"用户的持续进步"作为不变的"用户痛点"。

企业只有关注"用户的持续进步"才能理解用户痛点的实质。参考马斯洛的需求层次理论，我试着从满足基本生存需求到实现个体自由的角度，把用户痛点（用户持续进步的个性需求）分解为以下五个层次。

第一层：利我生存的功能性需求。个体生存与发展都受限于社会提供的机会和资源，在竞争环境下实现有利于自我的生存是个体消费最基础的功能性需求。

第二层：自主掌控的情感性需求。通过分工合作，个体利用自己的学识能力和劳动创造为组织贡献不可或缺的个性化价值，在与活动对象的互动中通过实现某种程度的自主掌控来获得存在感。

第三层：被群体认同的社会性需求。在他人跟进模仿的竞争压力下，个体在擅长领域不断地努力，创新精进，用独特的"与众不同"获得群体的认同。

第四层：被社会尊重的社会性需求。个体利用自身的资源和消费帮助他人实现生存和发展，从利我到利他，以和谐共赢的"命运共同体"促成组织的进步，获得社会的尊重。

第五层：自我实现的自由需求。如孔子所言"从心所欲（主观创造），不逾矩（遵循客观）"，个体能动地发挥自己"主观的善"与处事行为符合"客观的真"完美结合，实现自己独特的人生价值，这是自我实现的自由境界。

人们对美好生活的追求是亘古不变的。从个人成长的角度看，用户进步是永无止境、永恒不变的。由此，我试着从以下六个维度来探讨解决"用户痛点"，满足"用户持续进步的个性需求"的具体要素。

（1）个性小众：与众不同、独特小众的个性需求才有机会发展为用户痛点。

总体上说，人是群体性的存在，需要在群体协作的支持下才能有效地实现个体的成长。但是，每个用户个体也都是独特的存在，他们将以独特的方式和路径实现自己的人生成长。

从企业的角度来看，单个品牌不能满足所有用户的需求，品牌的任务也只是满足部分顾客的需求。从顾客的角度来看，消费者个体的资源和精力是有限的，他无法让自己处处"更美好"，只能在个别兴趣领域持续地投入精力和消费资源，而对于其他大部分消费领域只能降低消费标准（相对兴趣领域而言），采取随大流的跟风策略。因此，满足个性化的消费需求才是打造品牌的根基。

（2）更高品质：对更高品质的持续追求是不变的用户痛点。

高品质生活才是消费者不变的向往与追求。品牌的可持续发展需要其不断推出更高品质的产品来展现消费者不断升级的品位需求。人们对产品品质的理解和识别是极其主观的，但价格则是客观易识别的，于是在消费者眼中，高价就代表了高品质。我们经常看到，大多数陷入低端价格苦战的品牌最终都消失了。早期靠低价获取市场份额的品牌，需要迅速通过创新推出高价产品，像华为手机一样成为高端品牌，否则其他高端品牌就会来抢占企业辛苦培育的消费市场。

（3）提升效率：基于"用户痛点"打造的产品，或能帮助用户降低其消费总成本，或能节约用户的时间成本。

提升效率、解放出更多的时间来投入更有兴趣与价值的工作或生活，是人们始终不变的追求，也是社会进步的标志。企业应该持续投入创新研发，用更高的品质降低用户的总体消费成本，提升用户的工作／生活效率。例如，京东通过投资仓储物流降低商品的运输成本、提高周转率，从而赢得了顾客的选择和社会的支持。再如，中间商作为产品与顾客之间的中介，通过自己的专业知识和个性化的服务发挥提高交易效率、降低交易成本的作用。"没有中间商赚差价"的 C2C 直卖模式[⊖]看似可以降低买家的购买成本，但事实上因为买卖双方的信息不对称，撮合难度大反而会增加交易成本、降低交易效率。

（4）长期持续：基于"用户痛点"打造的产品必须能培育出长期可持续的消费需求。

我们不能把下雨天没带伞视为"痛点"，因为这种不可测、不确定的需求无法生成确定性的商业需求。我们也不能把某些城市雾霾严重导致需要净化空气的需求视为"痛点"，因为经过综合治理后空气质量会得到恢复，这类

⊖ C2C 直卖模式指的是个人卖家和个人买家直接交易，没有中间环节的介入。

产品的市场需求就会随之消减。

　　同样，我们也很难把某些不诚信、不道德、作恶的商业行为（比如"假货""欺诈""假新闻"）视为"痛点"。因为即使治理能力提升也很难完全杜绝这类事情的发生，新的"欺诈"还是会以另外的面孔出现，导致解决这类"痛点"的需求是持续存在的，但是，这类需求的满足并不能促进用户的进步，诚信经营仅仅是人们应当遵守的公共道德底线。

　　那么，像婚被、家庭装修这样的高价值、低频次消费需求，如何来界定其中隐藏着的"可持续"消费呢？

　　我们以潞安府潞绸被为例来做说明。父母给新婚子女置办婚被以表达"给孩子一辈子的祝福"。儿女新婚典礼是父母祝福的一种仪式性的表达，更多的"祝福"还需要父母多学习如何正确处理两代家庭之间的关系。于是，潞安府创造了"妈妈课堂"战术，为准婆婆、准岳母提供"新角色下如何处理母女关系、婆媳关系"的辅导服务，以此来建立潜在消费者与品牌之间的连接。那么在婚被消费之后，如何强化与老顾客的连接并促成二次消费和二次传播呢？潞安府接着运用"婆婆沙龙"继续以儿女婚后的婆媳关系处理为主题，开展"亮点婆婆"的沙龙对话与经验分享，为父母提供持续学习交流的机会，持续强化父母对儿女婚姻的"祝福"，这样就有机会促成源点用户的持续性消费。

对于做全国市场的企业而言，除了最终消费者，企业应该把经营重心放在渠道中间商身上，因为后者会持续地消费品牌，并期望在经营品牌产品的过程中获得成长。对多数企业而言，渠道中间商甚至是一类比最终消费者更为重要的源点用户。

（5）有获得感和成就感：基于"用户痛点"打造的产品，其消费的门槛越高、具有一定的消费壁垒，往往越能让用户有获得感和成就感。

"满100减50"的促销活动或许能让新顾客感觉获得了实惠，但同时也会让老顾客认为以往的正价消费并不划算。就顾客的即时满足感而言，反倒是越不容易获得的东西（比如"限量版"产品），越能激发顾客的获得感与成就感。

传言有这么一个关于乐高的故事。2003年陷入销售困境的乐高，受一个11岁德国儿童钟爱一双获奖而得的破旧阿迪达斯运动鞋的启发，意识到人们需要对消费品赋予新的含义从而来体现消费带来的成就感。于是，乐高聚焦回归玩具主业，提高了其产品的难度与挑战性，从而重回行业领先的地位。

企业有必要提高产品的消费门槛和挑战性，这样更能挖掘出真正有兴趣的源点用户。企业应该为用户提供展示自己独特技能的创作平台，协助用户在各自的社群中赢得尊重，成就感的获得会进一步强化用户对品牌的信任度。更为重要的是，企业要能让源点用户共同参与产品的研发与创新，基于用户实际消费情境的群体共创，更能让企业拥有取之不尽的创新素材，避免团队成员在办公室盯着同行的产品冥思苦想、闭门造车。

（6）自我否定：基于"用户痛点"打造的产品要具备"自我否定"的特质。一般来说，一旦消费需求被满足，用户就会提出更高层级的需求，所以产品具有"自我否定"的特质就能通过迭代升级创造出新的成长空间。

"时尚产品"就具有"自我否定"的特质，因为它一旦呈现出来就代表着已成为过去。再如，万唯中考在"命题"指导下的中考备考法也是一种"自我否定"，所研发的原创题一旦完成就意味着这些原创题会被排除在命题之外。

任正非把自我批判视作华为文化的精髓，自我批判是通过主动的自我反省、自我革新来实现自身成长的内在动力。而顾客不断自我否定、自我超越的需求，则是企业实现成长进步的外在牵引。于是，我在克里斯坦森所关注的"用户进步"的基础上，提出将"用户的持续进步"作为不变的"用户痛点"。企业应立足自身长处，锁定某一类用户在某一特定领域的持续进步。因为用户的持续进步没有止境，没有天花板，故而可成为企业长期不变的经营目标和使命追求。

综上所述，我给"用户痛点"做出如下的定义：

用户痛点 = 用户持续进步的个性需求

每个消费者都会成为某种 / 某类产品的忠实源点用户，同时又是绝大部分其他产品的跟风顾客。源点用户的消费是持续不变的，跟风顾客的消费容易随波逐流。"聚焦"源点用户，实质是要求企业聚焦源点用户不变的用户痛点。

"持续进步"是永恒不变的用户痛点，因此我把它理解为品牌真正的"定位"[⊖]。企业用自身的长处去持续解决某个/某类用户的任务，在助力用户持续进步的同时，也实现企业自身的持续成长。技术的进步、竞争的演变会让源点用户所需解决的任务产生变化，导致认知产品的具体形态也因之而变，品牌的认知或许也将发生概念上的变迁。产品会变，品牌认知会变，源点用户的持续进步不变，企业立足于自身长处的持续成长也同样不变。如何将战略建立在不变的事物上，挖掘出源点用户的用户痛点是经营者最重要的战略考量。

⊖ 杰克·特劳特把定位（Positioning）定义为"在顾客心智中占据一个有利位置"。本人在《认知战：30秒讲好品牌故事》一书中用"在顾客心智中占据一个概念"来描述"定位"，并将此概念具象化为用户能感知差异、有更优体验的认知产品。随着时间的推移，竞争态势、顾客认知或将发生变化，英文 Positioning 能描述其动态进程，但"定位"的汉语表述多少有一些"知止后能定""固定"的意思。

第二节 如何找到用户痛点

通过深度调研挖掘用户痛点

每个顾客的消费痛点各不相同，每家企业解决用户痛点的能力也各不相同，经营者要把两者有机地结合起来思考，才能把企业如何"活下去"的战略理解透彻。

如何通过市场调研挖掘出用户痛点呢？马丁·林斯特龙在《痛点：挖掘小数据满足用户需求》一书中提醒我们：找到痛点，不用研究几百万顾客，只要研究 10 人就够了。⊖通过大量的战术盘点实践，我同样证明了类似的观点：只需深度调研少量用户就能很好地解读用户痛点。

只选 10 人，这 10 人还不得精挑细选，做到科学抽样

⊖ 引自中信出版集团 2017 年出版的《痛点：挖掘小数据满足用户需求》一书。

才行？从几百万顾客中要找出这 10 个人岂不是更费时费力？真要如此"科学"地做调研，岂不是把原本就复杂的事搞得更复杂……面对这些问题，我的方法很简单："闭着眼睛"从记忆中选 10 人就行。当然，"闭着眼睛"选 10 个用户只是一种夸张的说法。

在我看来，严格地、精确地进行"科学抽样"，找出典型人物、具有典型性格的消费者，本身是没多大意义的：一是因为这样脸谱化、符号化的消费者并不存在于现实中，精准画像往往只具有理论意义；二是因为抽样标准建立在企业当下对既有顾客的"有限"理解上，用有限的认识来做精确的描述通常多是主观的；三是顾客的消费观念并非一成不变，对品牌认知的清晰度、对产品效用的关注度、社会消费的热度和来自替代品的竞争等因素都在影响并动态地改变着人们的消费观念。所以，研究顾客只求大致准确就可以了，无须耗费精力求得所谓的精准典型。

企业对市场和顾客业已形成的看法左右了其在市场调研中的顾客样本选择，深度调研的任务就是把记忆深刻的用户挖出来重新予以关注。企业需要挖掘出真实的用户故事，要在一个真实而具体的消费情境中去观察、去理解真实发生的消费行为，在还原他们的消费细节时揣摩、洞察他们的消费痛点。

企业对顾客的理解往往是局部的、偏颇的，对于顾客的调研无须追求既做不到也没有实用价值的"全面精准"。不少经营者总是希望找到类似"怕上火，喝王老吉"的痛点诉求，一旦产品的推广遇到阻力，他们就会思考是不是当下的品牌诉求"不到位"。他们希望能搞定痛点，一锤定音，最好顾客一听到、一看到就马上下单。果真如此吗？想一想，王老吉仅仅只是依靠一句"怕上火，喝王老吉"就获得顾客关注并做大凉茶市场的吗？

遴选支点战术，锁定用户痛点

企业认识自己、认识顾客、洞察用户痛点永远在循序渐进的过程中，当下能做出怎样的战术动作，决定了能挖掘出的用户痛点的深度。企业从对顾客的有限了解出发，通过发明新的有效战术，去探究由此激发的用户痛点，追溯痛点的源头，再基于新的痛点认识发明新的有效战术，如此不断迭代，才能逐步接近真实的、客观的需求。

若是缺乏有效战术的支撑，企业指望凭借一条超级广告语就能搞定顾客，这显然是不可能的。对于绝大部分靠产品的差异化价值生存的行业而言，要沉下心来研究有效战术，锁定用户真正的痛点。

战术盘点的基本流程有三步：第一步，从用户故事中盘点有效战术；第二步，从有效战术中遴选支点战术；第三步，从支点战术中解读用户痛点。战术盘点的具体过程相对复杂，鉴于篇幅的限制这里仅简单讲解如何遴选支点战术，锁定用户痛点。

参与盘点的团队成员从用户故事中盘点出若干条有效战术，经团队确认，整合梳理出 10～12 条进入遴选环节。团队成员需要进行三轮独立的投票，每一轮选出 1/3～1/2 的选项进入下一轮，过程中可针对同票数或接近票数的选项单独进行现场表决，且允许复活未被选中的选项，最终从中遴选出一条支点战术，锁定用户痛点。

这三轮独立投票的规则如下。

第一轮，选出最擅长、易做强的战术。

这一轮要求团队成员选出企业擅长的战术，特别是若能追加资源投入就可以做到更强乃至最强的战术。从团队成员凭主观感性判断做出的选择中可以了解团队如何看待自身的长处，了解企业内部资源投入的侧重点。

第二轮，选出具备竞争优势的战术。

这一轮要求团队成员选出能比竞争对手做得更好的战术。这里提示大家可以从三个角度来识别自己的竞争优势：

- 对手很难做得比自己更好的战术。
- 对手不愿在这类战术上持续投入资源。
- 对手不屑于做的战术。

从大家的选择中可以了解团队成员在一线实践中对竞争对手的直观感受。

第三轮，选出能解决用户痛点的战术。

这一轮要求团队成员选出能让顾客不得不选择消费企业产品的战术。如果说某个战术动作（因）必然会导致用户的消费选择（果），那么从这个战术动作中就必然能解读出用户痛点。企业若是强化了这一解决用户痛点的战术，就有机会把品牌做成用户唯一的选择。

这三轮投票规则是在盘点实操中不断迭代完善而成

的，是战术盘点最核心的部分。当然从用户故事中盘点有效战术也同样重要，它能为战术盘点提供素材。团队成员对素材挖掘的精准度，直接影响后续的解读分析。

支点战术的盘点机制能够帮助企业理解支点战术所包含的三类信息，如图 4-1 所示。顾客端：解决用户痛点，助力用户进步。企业端：对企业自身擅长和资源能力的感性判断。竞争端：团队成员能直接感知到的企业的比较优势与竞争优势。

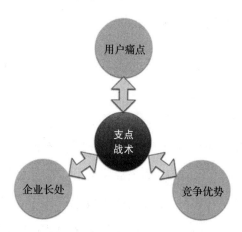

图 4-1　支点战术的三角关系

我把支点战术视作"一叶一菩提，一花一世界"。从一条支点战术中就能"看"到企业的全息影像，锁定用户的真正痛点。

至于如何解读用户痛点，就需要战术盘点的主持人（我把这个角色定义为盘点教练）在"为何顾客不选对手而要选自己"的追问中深度地理解顾客在特定消费情境下的心理需求，去洞察顾客未能清晰表达的痛点。这确实需要一些专业功力，有兴趣的读者可以参看我的盘点教练培训课程。

关注痛点品类与痛点焦虑

《成为独角兽》里有句话"问题即品类"，受此启发我用"痛点品类"来理解产品所解决的顾客问题。产品只是用户用来解决问题所采用的一种外在的形式，痛点才是其内在需求。

西奥多·莱维特把"人们想要的不是1/4英寸的钻头，而是1/4英寸的洞"⊖这句话变成了名言。"洞"才是顾客的真实需求，即克里斯坦森所定义的"用户任务"，而"钻

⊖ 被誉为现代营销学奠基人之一的西奥多·莱维特在其《营销想象力》中指出这句话是李奥·麦吉尼瓦率先提出的。莱维特让它广为人知。

头"只是满足这个需求的一种工具。

我们把通常用以描述产品形态的"品类"一词进一步细分为"产品品类"和"痛点品类"。"痛点品类"才是顾客的利益点和感知价值，而"产品品类"只是解决"痛点品类"需求中的一种形态，还有其他多种产品形态可以解决同样的用户痛点。

我们可以从以下四个方面来对"痛点品类"进行系统的分析：

- 解决了哪一类用户的痛点？
- 这类用户是否具有典型性和代表性？
- 该类痛点是否可以拓展到更多的人群？
- 助力用户持续进步的技术是否有升级的空间？

我时常提醒企业要有痛点焦虑，不要有竞争焦虑。如今大部分的企业把竞争对手看得特别重，担心对手抢了自己的市场，竞争对手一有什么动作就马上跟进。有的企业甚至利用自身的垄断地位要求渠道客户"二选一"，把同行对手排除在外。曾经有商家就被要求只能使用某宝进行支付，当然，某讯也同样没少限制其他的平台。

有的企业为了抢夺顾客，会采取把对手挤出市场的策略，但这样做的效果并不好，因为对手能提供给顾客不一样的价值，企业在限制对手的同时也会给顾客带来不好的体验。如今的市场没有谁不可或缺，顾客总会找到其他的企业来解决自己的痛点。淘宝和京东竞争白热化的时候，谁能料到拼多多的出现？三家混战之时，又出现了直播带货。下一个入局者又会是谁呢？企业与其东挡西防，不如坐下来认真思考"他生"：我们给顾客创造了什么价值？这才是企业长久"活下去"的根本。有时候对手之所以被打败，并不是因为对手比自己弱，而是它没能给顾客创造更大的价值。

竞争焦虑让我们往往只考虑企业自身的利益，让企业在四处出击中没有足够的资源和精力从事深度的研发，开发的产品也只能简单地满足顾客的一些浅层次的需求。

商战的本质是共赢，大家一起为顾客创造价值，对手的存在也能让企业自身保持对市场的谦卑，企业不要只把顾客视为流量符号，视为企业的印钞机，要时刻提醒自己把心思真正地放在顾客身上，而不是日活跃用户数量（以下简称日活）、月活跃用户数量（以下简称月活）这类大数据的算计上。顾客的需求如果得不到升级满足，即使是忠实的老顾客也迟早会离品牌而去。

《你的顾客需要一个好故事》中有这么一句话：某一天，当我们不再为我们企业的成功彻夜难眠，而开始为我们顾客的成功辗转反侧时，我们的企业重新振作的时候就到了。⊖企业要想获得持久的竞争力，就一定要锁定用户的痛点，要有痛点焦虑，不要有竞争焦虑。

⊖ 引自中国人民大学出版社 2018 年出版的《你的顾客需要一个好故事》一书。

第三节　什么是痛点定位法

人们对定位理论褒贬不一，大家通常的困惑是定位这一理念"一听就懂，一用就错"。基于我多年来对定位理论的理解，我提出了"痛点定位"这个概念。

解读痛点定位

1. 聚焦企业内部，从心智定位到痛点定位

传统定位理论专注于"认知地图"或"心智机会"，把研究的重心放在寻找外部心智的机会上，对企业自身的研究相对薄弱（见图 4-2）。虽然，定位顾问花上 1～2 个月乃至更长一点的时间不可能把一家企业研究透，但是我们认为自己能站在顾客视角，可以帮助企业更客观地理解

外部的市场和竞争。定位顾问的主要任务是通过撬动顾客心智来推动企业的顺利转型，因此我们对企业的访谈和市场调研会侧重在寻找企业外部心智机会以及支持该心智机会的素材上。

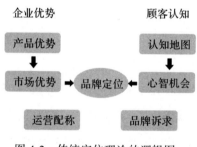

图 4-2　传统定位理论的逻辑图

从产品优势到市场优势，找到企业在哪个领域占据市场主导地位，然后通过大规模传播把行业地位落实为心智地位，这是传统定位理论的核心内容。至于运营配称，其重点在于品牌设计（如 logo 视觉、产品包装等）、品牌诉求、媒体选择和类似新品发布这样的公关活动上。关于产品结构、渠道运营、组织架构等涉及企业内部运营的部分，定位顾问通常只能给出"原则性"的建议。

当然，传统定位理论在帮助企业站在顾客认知经营角度系统地梳理品牌传播和产品营销等方面是有价值的。如果企业的经营管理是稳健的、成熟的，那么聚焦在包括品牌传播在内的市场营销端上发力，将会为企业发展提供很好的助力。但是如果企业本身处在艰难转型期，营收持续下滑，士气相对低落，那么这时投入更多的资源在品牌传播上就未必是件"当下有利"的事。其主要的原因如下。

一是从市场端看，品牌要将新认知植入消费者心智，让消费者从尝试消费到形成消费习惯，从培养部分源点用户到吸引大众跟风，需要很长的时间。经营者需要探索出一个全新的业务模式，而且这一业务模式还需要经过反复试错才能趋向成熟。企业如果在业务模式并不成熟的情况下将过多的资源投入到费用昂贵的品牌传播上，短期内不能兑现成销售业绩就会造成新的失衡。

二是从企业端看，企业品牌传播、聚焦其中某一个业务板块的决策本身有可能加剧内部不同业务之间的资源争夺，通常也会造成部分业务的营收下降，而这正是看重"当下"的团队最不愿意看到的。

企业的转型升级不是给出一个心智定位就能轻松解决

的。若外部专家不把脉企业的内部经营，只是在外部找寻心智机会，那他就无法实事求是地回答下面的问题：企业有没有把握这个心智机会的能力？是不是能找到更适合企业的心智机会？

针对以上的问题，我把对企业的研究重心更多地放在企业内部，更多地研究企业具体而微的个性化创新战术。受《营销革命》一书的启发，我专注于研究从有效战术中推演品牌战略的逻辑。2019 年年初我提出"战术盘点"这一概念，并不断地迭代打磨，最后整理成一套认知盘点工具体系。认知盘点工具不仅能快速地做定位分析，还能高效地推动战略落地，同时它也是企业人才培养的好工具。万唯自设立战术盘点部以来，很好地体验到了员工掌握盘点思维所带来的诸多好处和改变。

"痛点定位"这一概念是我在 2020 年国庆期间的"认知产品"课程上首次提出的（见图 4-3）。我认为，以"用户痛点"为统一标准来衡量战术的有效性，更易达成团队的共识，因为它有效地避免了因各自以自利为评判标准而导致的互不相让和扯皮纷争。

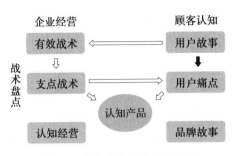

图 4-3　痛点定位理论的逻辑图

更重要的是，基于企业长处发展的品牌战略，是建立在企业自身的能力上的。只有用企业自身的"我知"解决企业自己的问题，才能真正做到"知行合一"。当然，这不意味着企业不要学习外来先进的经验。外来的"他知"在拓宽企业认知视角的基础上，通过转换性创造内化为企业可以操作的有效战术，落实为具体的行动，才能更高效地发挥作用，促进企业战术的整体升级。外部顾问不应该停留在战略层面做所谓的"江山指点"，尽说些"应当如此""原则上该如何如何"之类的正确的废话。

2."痛点定位"执企业和客户两端

从企业端来看，"痛点定位"能更深入地理解企业。

以前，咨询顾问研究企业，会花大量时间去查行业资料，做企业访谈、市场调研、趋势分析，其实多数情况下咨询顾问了解到的内容不过是行业共性的、通用的知识。对于共性的内容，咨询顾问再怎么做案头研究，也比不上企业人自身的实践操作。而立足于竞争的企业战略，需要挖掘的是企业组织创造的个性化战术、差异化战术，特别是很多被企业所忽视的有深度的个体知识。从企业的个性差异战术入手，在此基础上整合共性战术，咨询顾问才能对企业乃至行业有更为全面的理解。

从客户端来看，"痛点定位"能更深入地理解顾客。

以前，咨询顾问研究顾客更多是把顾客做了符号化、抽象化的处理，试图从大数据中找消费趋势，因此所做的顾客分析多是表面化的、同质化的。如果咨询顾问从某一类特定用户的"用户痛点"出发，在一个个具体鲜活的用户身上，从一个个具体而微的消费情境中的真实用户故事里，去理解洞察顾客的选择，并溯源挖掘认知的源头——源点用户，然后再从特殊（源点用户）到一般（大众消费），这样的顾客研究才能让企业的营销更精准，经营更高效。

痛点定位三步法

在实践中，我摸索出痛点定位三步法来确立品牌定位。

1. 第一步：界定心智对手[⊖]

什么是心智对手？心智对手是解决同一用户痛点的首选对手。

《认知战：30秒讲好品牌故事》一书如此表述"心智对手"：从认知地图中寻找标杆品牌（行业老大），把认知标杆视作"心智对手"。在这里，寻找心智对手是指在行业约定俗成的"产品品类"中找"行业老大"。

企业的经营者通常会认为现实中的商业竞争发生在与自身水平相当或更弱的对手之间，于是经营者在看待竞争时通常会向下思考，特别是在认为低端对手给企业的业绩达成造成了压力时。而"心智对手"这一概念则有利于经营者认识到盯着行业第一或高端对手才是品牌进入顾客心

⊖ 在《认知战：30秒讲好品牌故事》一书中，我试着用"心智对手"与"市场对手"两个概念来做两个不同消费时刻的竞争分析，一个是出家门之前，一个是在现场店门之前。

智的正确途径（入口），因为绝大部分消费者的心智中都会有第一和高端的品牌，低端对手的竞品通常情况下只是消费者的备选项。

传统观念上，企业通常基于"产品品类"来确定"心智对手"，这样就会遇到如下的问题：

（1）行业第一的品牌要界定"心智对手"就需要出圈，要到更大的行业、更大的品类里去找规模更大的竞争对手，这或许是人们容易走向跨界多元的原因之一。

（2）对于大多数实体经营的企业，有时并不是在与行业内的老大正面竞争，更多是在与其他"产品品类"的市场对手竞争客户资源。若是在"心智对手"概念中又加上"市场对手"，无疑给竞争分析带来了复杂与难度。

（3）对于很多集中度比较低的行业，头部企业都在抢占行业老大的宝座（比如二手车大战、在线教育大战），被迫加大投入"跑马圈地"。快速扩张带来的粗放经营容易造成行业"内卷"，靠讲故事画饼和融资能力拼到最后，往往并不会给社会创造更大的价值。通过这种方式拼出"定位"，对于企业来说并不是明智之举。

如果企业明确了"痛点品类"，从"痛点品类"中确定"心智对手"就有了统一的选择标准。不管企业的行业地位如何，一律从用户痛点的角度去思考品牌的"心智对手"。每个企业的创立基因不同，创始人擅长的战术打法不同，所解决的用户痛点通常也不同。即使大家把"心智对手"都落在"行业老大"身上，那基于各自不同的用户痛点也会提出不同的竞争策略。市场主体之间按照自身的长处发力，这才是真正的"和而不同"，"和"体现在一起解决用户痛点，"不同"则是用自己"不同"的能力和方式解决用户痛点。

例如，同样是研究试题，万唯中考侧重于对中考命题的深入探究，作业帮则是精于解题大招的总结归纳；同样是讲解知识点，学而思擅长于知识图谱的深度挖掘，用试题来消化知识点，万唯中考则是通过研发原创题把知识点、考点串起来，采用以练代讲的方式让学生系统掌握知识点。同样是备考方法，万唯中考的《试题研究》采用的是基于命题思路侧重练题的备考法，而其《面对面》采用的则是基于教材侧重讲解的备考法。[⊖]

⊖　详见《认知战：万唯中考战略解密》中"痛点定位法"相关内容。

2. 第二步：匹配差异概念

什么是"差异"？"更好"不是差异，"更好10倍"才是差异。"低价"不是差异，"低价且比对手更赚钱"才是差异。

最大的"差异"是与行业的主流"反着来"，遵循"反者道之动"的法则，因为即使头部品牌再强势，也一定有背后的弱势，也就是人们常说的"长短相形，高下相倾"。在头部品牌"强势"背后的"弱势"上发力，头部品牌就无法做到自我攻击，因为它们无法在不放弃"强势"的情况下同时也能拥有"弱势"。

- 人人追逐主流，我就去深耕小众。
- 人人追求规模，我就凭单点做强。
- 人人打价格战，我就用价值取胜。
- 人人攫取毛利，我就简化降成本。
- 人人四面出击，我就占山头为王。

下面我们从以下三点来讨论企业应该如何为品牌匹配一个差异概念。

（1）要对立：彼长必有彼短，力所不能及。

例如，万唯中考将其心智对手确定为中考命题人和教研员，命题人和教研员的最大优势是其专业性研究的深度，那么这个优势背后同时也存在着一种弱势——专业研究的宽度不够，也就是说研究越有深度，就越缺乏宽度。于是，与"专业深度"相对立的"全国视野"就是匹配万唯中考的差异概念，它成为与心智对手构建竞合关系（竞争中有合作，合作中有竞争）的核心要素。

（2）有根基：从自身能力出发，己长配彼短。

要考量企业自身有没有能力把握住这个"强势背后的弱势"。不要在企业自身的能力和知识之外做差异化思考，就算经营者能琢磨出绝妙的概念和模式，但如果企业缺乏相应的知识和能力，无法有效地展开实践，也就很难培育出有效的市场。例如，万唯中考所擅长的"全国视野"便是匹配了心智对手所擅长的"专业深度"背后的弱势——"研究宽度"，而万唯中考自2004年就开始积累专版图书⊖的知识，就是万唯竞争制胜的根基所在。差异化概念可以

　⊖　中考是各省市自行命题，因此中考教辅图书需要做不同省市的版本，万唯内部称其为专版图书。

被模仿，但时间积累出来的我知是无法跨越的鸿沟。在我看来，我知就是企业的终极护城河。

（3）有未来：差异概念是否匹配大势？

我们所说的这个"大势"不是有些媒体为了吸引眼球而编撰的"未来十大趋势"之类的"大势"，而是指要分析经由自身的努力能否更好地解决用户痛点，技术的进步是否有助于更好地解决用户痛点。这个"大势"是用自己的商业直觉能做出预判且是自己可触及的。

还是以万唯来举例。中小学教育改革的核心是培养学生应用知识的能力，学生要把课堂所学的知识迁移应用到课外的真实生活情境中。情境化命题就成为命题改革的一大趋势，命题方法也将越来越灵活多变。万唯中考的"全国视野"无疑能支持命题人的相互交流、切磋和碰撞，也能利用平台的优势研发创造出万唯原创的命题。

对于品牌差异人们通常有两个认识误区：一是要做出行业无法企及、对手跟不上的差异。这一想法在如今这个知识流动、信息透明的时代既不现实也无必要。二是处处都要有差异，每种产品都要跟对手做出不同来。如果企业只是在形式上把产品改个颜色或尺寸、调个配方顺序且将其视作差异的话，那这种形式的创新倒也不难，但真正属于原创的有效创新是要付出巨大成本的，例如像华为那样每年都把 10% 的营业收入用于研发，有了这个机制保障，企业才有足够的资源在用户痛点上对核心产品做有深度的创新。

3. 第三步：确立认知产品

明确了差异概念，接下来就要根据"痛点品类"确立品牌的认知产品。

（1）首先，品牌要锁定痛点品类的一个特性。

每个品类都拥有多个不同的特性。品牌应根据企业所长选定一个特性，集中资源围绕这个特性进行深度研发，以应对激烈的市场竞争。

关于品类特性我们做以下几点简要的说明。

- 企业要避免将品类的公共属性理解为特性。比如酒店要"干净"，装修要"环保"，鸡蛋要"安全"……
- 市场领先者可以抢占品类的首要特性。
- 市场领先者之外的品牌要选择与领先者对立的特性，才有更大的生存空间。

- 品牌想要占有一个特性，就必须舍弃其他的特性。例如，墨瑟门窗试图囊括"智能""除霾""保温""隔音"四大特性，就远不如只诉求一个特性更高效。

（2）其次，企业要确定最能体现这个品类特性的具体产品。

（3）最后，锁定能讲出好故事的认知产品。

第四节　如何推进落实认知产品

锁定用户痛点，明确了认知产品，并不意味着企业中的所有人就能自然而然地接受它，接受它所指代的那个新概念。对于企业的员工来说，从质疑这一认知产品到相信它，再到将其视作企业的使命，通常需要一个漫长的过程。

当企业的员工第一次评价认知产品时，正常的反应大致是这样的：

- 这有什么呀，这个产品本来就卖得不错。
- 这个产品有那么重要吗？仅仅靠它能养活我们吗？
- 它的市场空间能有多大？调研显示市场需求可能并不大吧。

- 它太难推广了，还是顾客需要哪款产品就推广哪款产品吧。

从这些反应中我们不难看出，对于所选定的认知产品，人们普遍存在疑虑。团队会质疑，同行会质疑，顾客同样也会质疑。就我的经验来看，如果多数人都在质疑的话，这个认知产品可能就选对了。原因很简单，人人都认可同意的东西一定是同质化的。认知产品不是普通的产品，它肩负着赢得差异化竞争的艰巨任务，它代表着品牌与众不同的战略方向，团队中的每个人并不是一开始就能深刻地理解到认知产品的独特价值。

优秀的经营者具有非凡的预见力，应该能看到多数人还看不懂的事物。

正确理解认知产品所赋予的新概念

当我们迫不及待地用当下的"现实如此"来评判新生事物时，就要警惕了。那些当下理所当然的事情，曾经也都被人们质疑过。我们需要一种自我批判的精神，当我们用习以为常的观点/理念去质疑新生事物时也要进行自我质疑：为何我要马上否定它？这个新事物一定有我并不了解的内容，从试图理解它、接受它的那一刻开始，认知就有了拓展的可能。

彼得·德鲁克曾说过：现实本身没什么意义，它们不能创造任何东西，或者解决任何问题。它们只是存在那里。它们是否有意义？如果有意义，又是什么意义？它们是创造还是毁灭？它们是否解决问题以及如何解决问题？这取决于我们如何对待它们。[○]

如何看待"现实"，见仁见智。两个鞋商看到非洲人光着脚，一个哀叹没有市场，另一个双眼放光。从与现实的冲突中洞察先机，"无中生有"才是智慧者的高明所在。

1. 如何理解新概念

看得懂的事物都已经过时了，这句话十分有道理。所以，首先我们要有这样的想法：不被质疑的概念是没有多大价值的。不被质疑的概念已经成为人们的共识，企业无

○ 引自机械工业出版社 2009 年出版的彼得·德鲁克的《工业人的未来》一书。

法凭借这样的概念做出差异化的产品。

其次，被质疑意味着有冲突，与人们的现有观念存在一定的冲突。对于品牌而言，冲突可以引发话题，也是一种可以让品牌进入顾客心智的有效手段。叶茂中老师所写的《冲突》一书，就强调了"冲突"在企业品牌认知建设上的重要性。

最后，人们对认知产品的质疑往往源于新概念/新特性所带来的负面认知，如何理解这种"负面认知"才是接受认知产品与新概念的关键所在。

就品类特性和认知产品而言，这里我们做以下几点说明，以帮助大家更好地理解新概念。

（1）接受现实。要享受大自然的美好，就免不了会遭受蚊虫叮咬。品类特性有强有弱、有利有弊，从来没有完美的事物。如果品牌只能选择相对弱势的品类特性，那就接受它。大多数情况下，所谓的"不利"因素也只是相对主流特性的"有利"而言的，经营者要勇于接受相对边缘的特性带来的"不利"因素。

（2）负面有价值。坦诚地承认品牌所选的品类特性的"不利"因素，比鼓吹什么都完美更能获得用户的信任。"因为我们只是第二，所以我们要更加努力""大众甲壳虫仍将很丑"。当企业把自身的弱势示之于众时，用户反倒更容易理解它、接纳它。

（3）转移目标。多数人崇尚产品的主流特性，例如油烟机就要吸力大，直播课就得看名师。要相信，有人质疑品牌所选定的品类特性，就一定也有人会青睐它。暂时放弃那些质疑的顾客，找到肯定它、接受它、热爱它的源点用户，即使这样的用户暂时不多，但星星之火可以燎原。

（4）持之以恒。他人会质疑品牌所选品类特性的不利因素，质疑当下的市场空间不大，甚至连经营者有时都尚不清楚这个特性能发挥多大的价值。也正因为如此，企业处在一个竞争相对宽松的经营环境，这能让企业避免过早地面对白热化的竞争。企业可以相对自由地用自己的方式设计品牌，用自己的个性诠释品牌特性。正如法拉第被人问及发电机能有什么用途时讲了这么一句话："夫人，一个刚刚出生的婴儿有什么作用呢？"坚守必定会带来回报。经营者要坚信：假以时日，今日的弱特性在我们的坚守下明日必定会强大。

2. 用认知产品创造未来的大势

真正的赢家是那些自己创造了新需求，创造了大势的商业英雄。

经常有人问品牌定位下的认知产品能有多大的市场空间？关于这个问题，无人能给出确切的答案。品牌定位只是给出了"逻辑的可能性"，因为新概念 / 认知产品本身就是心智空白，新概念 / 认知产品背后有一个尚未解决的用户痛点，解决用户痛点的能力和水平决定了认知产品的市场潜力和空间。我认为，经营者的任务就是通过自己的主观创造，努力把品牌定位的"逻辑的可能性"通过认知产品变成市场的"现实的可能性"，创造出品牌的"大势"。

企业究竟如何创造出品牌的"大势"呢？

孙子曰："故善战人之势，如转圆石于千仞之山者，势也。"⊖打造品牌不能盲目追逐他人创造出来的"势"，而要靠企业自身去解决某个用户痛点，创造自己的"势"。

对外，痛点解决得越有价值，越有深度，就越能吸引高势能的源点用户，靠源点用户启动品牌的消费，拉动消

⊖ 引自江苏广陵古籍刻印社 1997 年出版的《宋本十一家孙子注》一书中的第 114 页。

费"趋势"的形成。

对内，企业把"助力用户的持续进步"视为自己的使命和信仰，这将会吸引有共同价值观、使命感的员工和社会伙伴。实现用户价值的自我超越是一个没有终点的征途，因为解决完一个问题接着又会有下一个问题。如果没有一支有坚定的"为客户服务"信仰的团队，没有一支把解决痛点当成工作目标的团队，想要推动这个"大势"是极其困难的。

从"活在当下"到"活到未来"

企业首先得"活着"，才有资本去践行使命，实现对未来的展望。

有专家提醒培训机构创办人，如果企业的愿景仅仅是为了提高学生的分数，不去关注学生的素质教育，这是很危险的，也是没有未来的。对方反问，如果不努力提高学生的分数，家长就不买单，就没有企业的现在。如何从"活在当下"到"活到未来"，是每一位经营者必须思考的问题。

用户痛点的解决需要投入大量的研发资源，而这些研发投入往往并不能立刻获得回报。因此，企业必须有能"活在当下"的业务。企业如何实现"活在当下"和"活到未来"之间的平衡是一门学问，这需要在实践中试错摸索，这个"度"的把握就是企业最宝贵的知识和财富。

这里请经营者注意以下三个事项。

第一，不要提前做大规划。很多创业者的失败往往就源于他们把想象中的东西提前做了规划，过早地投入了太多的资源，早早地搭起一个不小的组织架构，然后等待市场的预期回报。然而多数情况下，创业者需要摸着石头过河，从市场反馈的意外中把握机会，修正企业的战略规划，探索出能被复制的"从0到1"的业务模式对于初创企业来说至关重要。

第二，要将重心放在干部培养上，经营者应把业绩成效视作检验干部的手段而不是视作唯一的目的。解决用户痛点的战略确定后，干部的培养就很重要了。不少经营者把更多的精力放在"事"的成败上，把"人"视作"成事"的工具。在试错阶段，"事"的成功有其偶然性，但"人"的成长则是必然的，把握住"不变"的事物才是企业正确的经营之道。

第三，让时间成为朋友。方向对了，止于至善，我对这个"至善"的理解就是解决用户痛点。做好打持久战的准备，即便企业暂时遭遇危机困境，但因为拥有"至善"之心，企业也一定会得道多助，化险为夷。

第五节　案例分析：高和传媒如何确定其认知产品

　　本节我们选取一家企业的真实案例，详细描述其确定认知产品的过程。

　　北京高和誉远文化传媒有限公司（以下简称高和传媒）是首家专注经营高铁列车电视媒体（以下简称高铁电视）的商业机构。2011年京沪高铁开通，第一个城市旅游专题片——"一个叫贝克的洋小伙带着大家游镇江"就出自高和传媒之手。

　　2017年夏天，我初次接触高和传媒的创始人李俊香。她困扰于人们对高铁电视的传统认知：没声音、屏幕小；没必要看高铁电视，光看手机和电脑就行了。我也尝试向身边的朋友做高铁电视的推介，但效果甚微。

　　起初，高和传媒把高铁电视作为传统的电视媒体，主推 5 秒钟的广告业务。"没有声音"的高铁电视因为无法实现广告的强行植入，其发展受到了很大的限制。人人都捧着手机刷视频，短视频平台成为广告吸金大户，即使高和传媒拥有 28 万高铁电视屏资源、能覆盖绝大多数城市且性价比高，它也很难说服广告商在高铁电视上投放更多的广告。高铁这张国家名片的光环，能让高和传媒的业务代表敲开广告商的大门，但不容易成为广告商的优先选择……种种现状表明，高和传媒的品牌打造之路是艰难的。

高铁电视的重新定位：讲品牌故事的平台

高和传媒走传统的广告业务模式是很难取得成效的，它需要重新定义高铁电视的赛道。

广告商习惯于推销自己，例如我是全网第一，我在请当红明星代言，我才是你们最明智的选择，等等。品牌广告之所以被称为"硬广"，是因为其宣传体现了强制性。人们对于不请而入的广告是排斥的，于是广告商挖空心思琢磨创意，用红包大礼吸引消费者的注意力、借助新闻或剧情做软性植入……

现实中，广告商在竭力吸引潜在消费者的关注，研究用户画像，思考"我想让谁看到广告"。同时，它们又面临一个"哥德巴赫式"的猜想："我在广告上的投资有一半是无用的，但问题是我不知道是哪一半。"但如果广告商换个角度思考，从作为信息接收方的消费者端入手，"谁在看广告""谁会看到广告""谁会去找广告"，答案就清晰了：正好有需求的潜在消费者与已经消费过品牌产品的老顾客，这两类人群最有可能会关注品牌广告。

企业常常把拓新客视作品牌营销最为核心的任务，广告商会把传播重心放在潜在消费者的身上。我发现，我服务过的企业客户几乎没有人向我提起过"如何针对老顾客做品牌传播"这一课题。在我看来，广告商似乎忽视了一个显而易见且更为重要的需求——老顾客对品牌信息的深度需求。

我认为，老顾客比潜在消费者需要更多的品牌信息，广告商应该把经营重心和更多的资源放在老顾客身上。品牌硬广的一次传播固然能吸引到正好有需求的潜在消费者，但硬广的成本高且传播效用会快速递减，企业往往需要传播上的持续投入才能维持业绩的增长。相反，老顾客的二次传播以及消费示范效应，能通过人际、社群之间的影响为品牌创造出更高效且可持续的业绩回报。

我至今还记得 2015 年我的一个客户的故事。一位餐饮老板向我讲述他是如何研发招牌菜（其认知产品）的，这让我对这道菜充满了期待。我琢磨着怎么推广这么生动的认知产品的故事。我问过这位老板的助手这个故事，应该是听老板讲得多了，他讲的大体算是完整，但少了细节描述、少了情境温度。有一次在门店调研，我请店长给我讲这个产品的故事，结果讲成了支离破碎的片段，我又问一个店员，她用自己的想象讲得面目全非。

这个客户的故事让我耿耿于怀。试想一下，企业有多少值得流传的品牌故事无人知晓，又有多少能影响消费行为的品牌故事被传得面目全非。事实上，大多数老顾客对品牌的了解是不够的。老顾客需要什么样的品牌信息呢？他们需要产品的故事、用户的故事、企业家的故事、英雄员工的故事……企业官方讲品牌故事的缺位一定会严重影响品牌的发展。

针对老顾客的深度营销才是品牌营销的重心。如果企业围绕着各自的老顾客来制定营销策略，通过加强与老顾客的信息互动，促成老顾客的持续复购，放大老顾客的二次传播，那么企业就能摸索出一条独特有效、可控且可持续的营销模式。

人人都需要品牌故事。潜在顾客需要品牌故事，老顾客更需要品牌故事。不仅是老顾客，企业员工、渠道经销商、投资人、上下游产业链，甚至是行业主管部门也都需要能读到、看到品牌故事。当然，讲好品牌故事并非易事，"怎么"讲故事，"给谁"讲故事，讲"什么"故事，"谁"来讲故事，在"哪里"讲故事，每个环节都需要进行专业的分析。在本案例中，我们仅仅探讨品牌在"哪里"讲故事，品牌在哪里讲故事能让更多人看到。我们的答案是：在高铁电视上讲故事。

硬广传播让人们放大了高铁电视的某些劣势，但故事传播却能突出高铁电视的独特优势。高铁电视的优势主要体现在以下几个方面。

（1）信息的权威性。高铁在我国社会经济发展中的枢纽地位赋予了高铁电视很高的势能。相较于其他大众视频平台来说，高铁电视通常被认为是更为高端、更为权威的视频平台。

（2）能讲一个完整的故事。我经常出差，5小时以内的出行我基本上都会选择乘坐高铁。相较于硬广的时间而言，高铁电视有足够的时长来讲一个完整的品牌故事。

（3）覆盖主流中的主流。分众传媒诉求的"引爆主流"通常指的是4亿城市主流人群，京沪高铁2019年全线运送旅客达2.15亿，[⊖]高铁出行的商旅人士被认为是主流中的主流。而高铁电视作为流动的媒体，能实现对这些主流人群全方位的覆盖。

我曾于2019年发过一篇名为"你到底会不会看高铁电视？"[⊖]的文章，就高铁电视最适合品牌故事传播做了一个简短的分析，也分析了高和传媒自身的优势：经营最核心的线路资源，创始人曾任地方电视台财经栏目的制片人，擅长专题故事制作，等等。

结合以上优势，我们把高铁电视重新定位为"讲品牌故事的平台"，把高和传媒定位为"帮助客户传播品牌故事的媒体"。重新定位意味着企业全新的转型，企业通常复用不了已有的实践知识，它需要探索出一条全新的赛道。

⊖ 见京沪高铁2019年年度报告。
⊜ 详见微信公众号"谈博士认知战"发布的《你到底会不会看高铁电视？》。

2018 年我给出这个建议后，从普遍质疑到理解接受，再到落实执行，高和团队花了相当长的一段时间。"讲品牌故事"这样一个概念本身相当宽泛，需要落实为团队能具体操作的内容——明确高和传媒的认知产品。自 2019 年以来，高和传媒的认知产品经历过多次调整，这充分说明了只有深入战术操作层面去理解企业的专长，我们才能帮助企业真正落实品牌定位。[⊖]

下面一起来看看高和传媒确定、调整其认知产品的具体历程。

高和传媒认知产品之历程一：城市讲旅游故事

坐上高铁，旅客自然就会进入城市场景：目的地城市和旅途中的城市。要做城市推介，还有什么方式能比高铁电视更容易吸引用户，更容易进入用户心智形成记忆的呢？于是，高和传媒把城市讲旅游故事作为其认知产品，提出"上高铁电视，讲城市故事"的广告语。通过城市故事带动商业客户来讲品牌故事，从逻辑上讲是合理的。

⊖ 咨询师如果只是给出一个有战略价值的差异化概念，只是帮助企业在品牌传播层面上做一些落地工作，然后指望企业能靠着一些广告传播和视觉升级来获得业绩增长，这无疑是不现实的。

在思考高和传媒的品牌诉求时，我继续做了追问：到底谁会看城市故事呢？很显然，家乡人会看自己城市的故事。那么，让家乡人把这个故事转述传播出去，是不是一种更有效的传播方式呢？想一想，有多少人知道如何推介自己的家乡？有多少人对家乡的美景美食只知其名、不知其实？讲城市故事是不是首先要讲给父老乡亲们听？于是，我们把高和传媒的品牌诉求进一步落实为：上高铁电视，讲家乡的品牌故事。这里家乡的品牌故事包括美景故事、美食故事、人文故事，等等。

为了协助高和传媒推动"城市讲旅游故事"策略的落地，我于2019年4月专程去了一趟镇江，给镇江旅游做了次盘点。2018年7～10月，河南省旅游局携手高和传媒做了一档"想家到河南"的专题栏目，河南16个地市霸屏19分钟。这一传播方式取得了良好的效果：2018年国庆假期，河南旅游收入同比增长37.7%，旅客量同比增长33.5%。[○]我也应李俊香的要求，尝试为河南旅游写了篇名为"不懂中原，不懂中华"[○]的文章。

○　资料来源于中国旅游研究院（文化和旅游部数据中心）。
○　详见微信公众号"谈博士认知战"发布的《不懂中原，不懂中华》。

但是，高和传媒在推进落实"城市讲旅游故事"策略的过程中遇到两大难题：第一大难题是高和传媒缺乏大规模开发城市客户的资源，其山西样板市场的模式无法支持其做全国市场的推广；第二大难题是各地城市旅游的宣传都有其成熟的渠道，高铁电视仅仅被视为一个补充渠道。而且，旅游是大众消费，人们更愿意用触手可及的媒体来做宣传，比如我们经常能在短视频平台上看到旅行博主、带队导游，甚至是文旅局长都在讲他们的旅游故事。

这让我们意识到，高铁去关联城市旅游的正向逻辑是成立的，但它不意味在竞争环境下这一逻辑也是成立的，因为它只是充分条件，不是必要条件。我们需要找到认知产品成立的必要条件。

高和传媒认知产品之历程二：企业讲品牌故事

我是做品牌咨询的，让企业客户上高铁电视讲品牌故事，就成了我给高和传媒的一个新建议。企业做品牌广告有无数媒体可供选择，但是能让企业讲一个完整的品牌故事的全国性媒体却少之又少。企业或许可以选择在央视上讲品牌故事，但这种节目通常只能安排在夜深时段播放；企业也能在分众传媒的电视屏上讲品牌故事，但是电梯内10多秒的平均时长很难讲一个完整的故事；电梯口的电视屏上可以讲完整的故事，但让人耐心看完非常有难度，况且要做全网覆盖的成本也不是大多数企业所能承受的；在短视频平台上也能讲故事，但其娱乐性影响了品牌信息的权威性……于是，在高铁电视上讲品牌故事就成了广告商的最佳选择。

那么，高和团队如何才能有效落实"企业讲品牌故事"的策略呢？对于习惯性用硬广投放敲开企业客户大门的高和团队来说，首先要做观念上的转变——用讲故事的逻辑去说服企业客户。说服他人转变观念是件极其困难的事，我要说服高和团队，高和团队再去说服企业客户，想想都头疼。绝大多数人只有在看到之后才会相信，高和团队需要一个成功的范例。

机缘巧合的是，正在服务中的万唯提出要加大品牌传播的课题。我说服万唯的董事长武泽涛试着在高铁电视上做投放，除了强调品牌要针对老顾客讲故事，让老顾客的二次传播发挥更大的效用外，我还特别指出品牌的大规模传播要有先决条件，就是市场上要有足够数量的源点用户。高铁电视的全网覆盖十分匹配万唯的传播需求。自2019年开始，万唯在高铁电视上开讲了其品牌故事，获得了很大的成功，万唯故事至今已升级了好几轮，它一直霸屏高铁电视。如今，很多社区邻居闲谈时都会谈及万唯。

有了万唯这个成功的案例，高和团队积极尝试做其他客户的说服工作。然而，团队成员很快发现，说服工作遇到很大的困难：采用全新模式来做品牌传播，企业品牌负责人无法做出投放决策，需要请董事长定夺，高和团队约见董事长有难度，花时间用专业知识说服董事长也有难度。"企业讲品牌故事"的策略推进受阻。

不过，高和团队的努力却有了两个意外的收获。为了让企业家体验到高铁电视的价值，高和传媒推出了一项免费服务，为企业家制作一个自己讲品牌故事的栏目，栏目命名为"企业家说"，春节期间很多企业家都会录制一个给全国人民拜年的视频，这一栏目大受欢迎。另一个意外的收获是周大生上《企业家说》栏目，再加上其硬广的组合为周大生品牌的招商工作提供了有力的支撑。

我也曾加入高和团队共同落实推动"企业讲品牌故事"这一策略，但困难重重，效果甚微。"企业讲品牌故事"的策略推进不力，让我认识到只有适合高和团队操作的策略才是好的策略。

高和传媒认知产品之历程三：城市讲招商故事

2022 年年中，我在浙江湖州吕姓朋友的茶室偶遇一位做城市招商工作的朋友，她聊起招商的困难给了我很大的启发。每个城市都在招商，但大多数的城市都盯着全国乃至全球的知名企业，也都盯着家乡籍的企业家，像我们这样的戚戚无名之辈通常是无从知晓家乡城市的招商信息的。城市招商越来越"内卷"，但实际的招商效果却并不好。对于多数城市而言，招商企业与城市的成功牵手并落地生根，孵化出健康的产业生态，是一件可遇不可求的事。

当时我突发奇想，如果每个在外工作的游子都知道家乡城市的招商信息，是不是更有利于城市的招商引资呢？城市的招商不能寄托于是否引进了华为和比亚迪，是否跟进了高科技和新能源，是否造出了很多产业小镇概念，而是要盘点城市自身的经济基础与产业优势，做出自己的特色招商。例如，应先全力扶持本地优势的产业，以将本土企业打造成全国龙头乃至全球领先为目标，并为之做产业链的配套招商，而不是一味地向外求。当然，城市招商的定位是个很大的课题，我没有做过太深入的研究。这里仅从招商信息的权威发布的角度来做一些关联思考。我认为，在高铁电视上讲城市的招商故事，将十分有助于城市招商团队的工作开展。我想如果我看到了老家岳阳的招商需求，我一定会为家乡尽一份力，从我认识的企业家中选择合适的人选，做一些招商的对接和沟通的工作。

正如要致富先修路一样，如果打通了各地城市招商信息的交换通路，将会促进城市、地区之间的产业做出合理且高效的转移，促进社会资源合理且高效的配置，促进国家的经济循环与产业升级。比起高铁、高速公路等物理流通硬件，信息通路建设在某种程度上更为重要，它能发挥出更大的效率效用。

既然逻辑是合理的，我便尝试将高和传媒的认知产品调整为：城市讲招商故事。我通过湖州的朋友找到湖州南浔区招商局，演示了在高铁电视上做城市招商信息发布的逻辑。2023年高和传媒携手山西临汾市对大湾区的招商做了一次全线宣传，取得了良好的效果。高和传媒的一篇介绍临汾招商的公众号文章获得了超百万的点击量。对高和传媒而言，这是一个前所未有的数字。

然而"城市讲招商故事"策略的落地执行也非常困难。但城市需要招商，企业也需要招商，城市找企业、企业找城市的需求是客观存在的，也是紧迫的。目前城市招商多以开线下招商会为主，领导带队逐个做城市路演，成本高昂且内卷严重。如此分析，我们认为高铁电视有成为"招商信息发布"的权威平台的可能。

目前，高和传媒在组织策划城市与企业的"高铁招商"论坛，试图以此战术撬开城市招商信息发布的大门。

高和传媒认知产品之历程四：企业家讲故事

对于高和团队而言，前面三个认知产品策略都不是能轻松落地的策略，需要高和团队具备专业的品牌传播知识，有对接高势能客户的资源和能力。《企业家说》栏目的意外成功让我有了新思路，我们是否可以把"企业家讲故事"做成高和传媒的认知产品呢？

　　首先，企业家普遍愿意在高铁电视上来为自己的品牌代言，虽然高铁电视没有声音，但通过字幕讲故事是没有问题的。高铁电视的权威性也适合企业家的参与，甚至有不少企业家曾表示，愿意付费录制《企业家说》。有了这样的需求，就为高和传媒把《企业家说》栏目升级为付费栏目提供了可能。

　　其次，"企业家讲故事"这个认知产品高和团队比较容易操作落实。以往高和团队能对接上企业的品牌营销部门负责人，不容易约见到企业的董事长，但《企业家说》栏目为企业家量身定制，能为高和团队创造更多的与企业家和高管见面的机会，也为企业体验高铁电视的独特价值创造了更优的条件。企业家能从身边朋友的反馈中认可接受高铁电视，这就为高和团队通过企业自上而下的推动来开展业务创造了条件。

　　最后，高和团队可以把《企业家说》栏目做成可持续的业务，因为企业家要讲的故事太多了，以下列举其中一些内容供大家参考。

- 创业故事：讲企业家的初心和愿景。

- 产品故事：用产品研发和制造的细节来传播企业员工的工匠精神。
- 研发故事：讲企业的研发投入和创新，用前瞻需求吸引源点用户的关注。
- 劳模故事：像大庆油田讲"铁人"王进喜的故事一样，企业的劳模故事同样能引发市场的关注和认同，比如闪送就在高铁电视开讲闪送小哥的故事。
- 用户故事：讲源点用户自己的故事，讲用户在品牌的支持下获得收获和成长。
- 品牌故事：讲品牌的差异化和价值主张。
- 招商故事：根据企业不同的发展阶段来讲招商故事，包括渠道拓新、渠道升级、渠道下沉等。
- 行业公关：为品类/行业发声，讲行业发展和社会公益故事，以获得公众乃至政府的支持。
- 产业整合：讲产业链的发展故事，以获得更多投资人的关注。

我无法预测高和传媒今后会在高铁电视上让谁做主角来讲什么样的故事，高和传媒的认知产品什么时候还会做出新的调整。但未来不只是靠逻辑演绎来创造的，逻辑推演只是为企业提供了一种可行的行动指导。更为重要的是，企业要开发出实际有效的战术，企业的发展路径最终要由战术的有效性来决定。从有效战术中发展企业战略才是营销的本质，高和传媒认知产品的确立历程就是一个极佳的例证。

小结
- 用痛点定位法确立认知产品。
- 以"助力用户的持续进步"为企业的使命。

第五章

如何经营认知产品

本章三问

第一问：认知产品只是用来构建品牌认知的吗

第二问：认知产品如何平衡当下与未来

第三问：如何构建企业产品结构的秩序和生态

试着先写下您的思考与理解：

....

....

....

对于多数企业而言，其经营的产品会越来越多，产品线会越来越丰富，似乎成了不可阻挡的"客观"事实。随着产品品种的不断增加，产品与产品之间、业务与业务之间慢慢变得互不相干，相互之间的协作越发困难。同时，在绩效考核的压力下企业各个职能运营部门，从产品研发、市场营销、渠道经销，再到售后服务等，也会因为追求各自的绩效目标而逐渐脱节，企业管理的难度也随着产品品种的增加呈指数级放大。为了争夺企业有限的资源，各部门都期望彰显自己的价值作用，因而部门间会产生诸多矛盾和冲突。如果企业内部缺乏统一的认知，无法同心协力，那么企业的经营就慢慢从有序到失序，直到"熵增"[⊖]大到无力控制。

大多数企业在其发展的过程中都会出现上述"熵增"现象。企业要"活着"就是要做"熵减"，让企业回归有序，让复杂的事情变得可控。下面我们试着以"顾客认知"和"利他价值"为准绳，来讨论企业如何在保持开放式经营的前提下避免熵增，让企业的经营更为有序，成果更为显著。

⊖ 熵增定律由德国数学家鲁道夫·克劳修斯提出，它又称热力学第二定律，该定律表明热量从高温物体流向低温物体是不可逆的。孤立系统总是从有序走向无序，这个不可逆的过程就是熵增。

第一节　认知产品只是用来构建品牌认知的吗

前文我强调企业要"强推认知产品"，它不仅仅是为了企业构建统一的品牌认知，更是让企业在顾客认知的"牵引"下，重新思考和理解企业与顾客、企业与员工、企业与行业、企业与社会之间的关系，进而更深入地理解企业如下"生存"哲学。

- 企业如何活：企业应该活在差异化的顾客认知上。
- 企业为什么活：以助力用户进步为己任，是企业生存的意义。
- 企业活得怎样：认清企业自身是基础，发扬企业长处是战略。经营者要立足企业的长处，依靠企业自身的独特创造力走出充满个性化的发展之路。

以这一企业的"生存"哲学为指导，跳出同质化经营的陷阱，以终为始，探索出以"认知产品"为主角的配套经营，用"认知产品"的升级来引领企业创新的方向，构建一套完全有别于其他企业的产品生态系统，这对于企业的发展来说意义重大。

作为企业经营的主角，认知产品所承载的任务

前文提到企业要强推认知产品，接下来将从 7 个方面来阐述，作为企业经营的主角，认知产品所承载的主要任务。

1. 传播投放，统一品牌认知

"传播投放，统一品牌认知"是认知产品的首要任务，是撬动市场获得消费者选择的关键一步。企业确立其认知产品后，需要通过集中传播，投放资源于认知产品以统一品牌认知，进而以创造顾客的优先选择来带动企业经营重心的转移，并以此来重新厘清企业的业务逻辑。当然，品牌传播并不只是传统意义上的广告投放，用户的良好体验所带来的二次传播（口碑⊖）才是建立品牌认

⊖　如果产品能给用户带来超出预期的惊喜，人们通常愿意自发地做人际口碑传播，口碑被研究者称为"零号媒介"。

知最有效的方式。

由于市场自发形成的口碑各不相同，并不容易形成一致性的内容共识，也不利于建立统一的市场认知，针对这一问题，我认为可以通过讲述基于认知产品的品牌故事[⊖]和广告来驱动市场形成一致性的二次传播。

2. 深度调研，挖掘用户痛点

每个产品都在解决顾客的某种需求，但其中的多数产品只是在解决顾客的某些浅层次的需求，只有小部分产品在解决顾客更深层次的需求。

管理者普遍认为，顾客的个性化需求对应的市场空间相对有限，于是他们更希望从有普遍性的共性需求中去获得一部分市场份额。传统市场调研采用的统计方法通常很容易忽视个性化需求的内容，市场调研的结果往往就只留下浅层次的共性需求部分。若以此调研结果为依据来开发产品，企业自然就会做出同质化的产品决策，这样的同质

⊖　我们可以用以下方式讲述品牌故事：围绕某个特定的消费情境，以源点用户的现实冲突为切入口，展开介绍认知产品的差异化价值以及给用户带来的利益，并给出具体的行动建议。

化产品很难让顾客产生难以替代且可持续的消费。

　　既然与其他产品相比，认知产品更能触及顾客更深层次的需求，那么企业就应当在认知产品上持续发力，在典型用户上做深度调研，挖掘用户痛点，持续迭代升级认知产品，强化认知产品的差异化价值，培育出一群忠实的源点用户，并以此来夯实企业生存的根基，在此基础上再去拓展共性需求的市场。

3. 渠道重构，发掘源点用户

　　先有认知，后有生意。顾客认知是因，市场业绩是果，但是从认知建立到业绩达成，其间还要走一段相当长的路。有过大量实践经验的企业高层决策者往往能培养出"预见"这一商业直觉，但是相对低层次的执行团队则更倾向于短期业绩的达成，他们通常会从可以快速达成交易的动作入手，例如力推市场已有需求的热门产品，或是相对低价的产品，等等。同样的道理，在开发渠道时，业绩考核的压力让执行团队倾向于把资源和精力投放到能快速带来销量的渠道客户上。执行团队通常会为不同的渠道客户提供匹配当地市场认知的产品，这可能就会带来品牌认

知的混乱。[⊖]

　　企业需要在不同的区域、不同的渠道通过主推认知产品来建立一致的品牌认知，由此我提出以认知考核为目标来重构渠道的新课题。企业集中资源开发匹配认知产品发展需求的渠道商才是渠道建设的重心。更为重要的是，要把更多的注意力放在最终消费用户身上，企业应根据渠道商各自擅长的领域，摸索认知产品在当地区域市场的最佳拓展情境，从中发掘源点用户，以此来构建相应的业务模式。

4. 持续创新，升级组织认知

　　多数企业的创新来源于模仿他人的成功。当创新停留在不停地模仿上时，企业对顾客的个性化需求、对市场差异化经营的理解都难以深入。模仿的产品更多只是在用户感知层面做了一些形式上的改变。由于缺乏实质性的内容创新，基于形式创新打造出来的产品很难获得顾客的认可。如果企业不停地把关注点投放到一个又一个模仿产品

　　⊖　如果我们期望渠道客户能快速给企业带来更大的销量，自然也会面临更加苛刻的条件，比如更大的代理区域、更多的让利、更低的促销价格等。

上，组织的认知能力就无法得到有效的提升，甚至还有可能因为多数并不如意的结果让团队成员丧失了信心，进而导致组织的认知能力下降。

经营者可以用认知产品来回答持续创新的课题。用户的持续进步没有天花板，这意味着围绕用户进步可以做出持续的、有内容深度的创新。企业应当把更多的研发资源投入在认知产品上，通过认知产品来理解用户任务[⊖]，并深度挖掘用户任务背后更为深层的需求，通过持续升级认知产品来助力用户的持续进步。

不同的品牌应该把经营聚焦到各自的认知产品上，通过认知产品的持续创新与升级来积累各自独特的知识，并以此升级、统一团队的认知。经营者应以全局视角来理解认知产品在企业可持续发展中的战略地位。

5. 追溯源头，塑造产业生态

企业的发展是否具有可持续性，不在于其能否进入世

⊖ 克莱顿·克里斯坦森在《创新者的任务》中提出"用户任务"的概念，他认为顾客是因为要完成特定的任务，才四处寻找"有用"的产品或服务来帮助自己。用户任务是"顾客不是要买一个钻头（产品），而是需要用钻头打一个洞（特定任务）"的另一种表达。

界 500 强，也不在于其能否主导某个市场，而在于它能否在某个特定的用户需求领域持续深耕，博观而约取，厚积而薄发，能否掌握创造并引领用户需求持续升级的知识，以及能否拥有不受制于外部竞争、产业政策和经济周期影响的可持续发展的能力。

在现实中，经营者对企业的战略思考更多的是研究如何确立品牌定位、如何扩大市场份额、如何提高利润率、如何判断新的市场机会、如何设计发挥杠杆效应的商业模式，以及如何激励团队达成上述诸多目标，等等。很多时候，企业的多元化扩张与其说是在尝试满足顾客的需求，不如说是在探索企业业绩增长的新途径。

由于不同的业务所服务的用户群体各有差别，顾客需求之间相差甚远，所以产品和业务之间很难构建起协作共生的生态关系。企业内部各自为战，彼此消耗甚至互为掣肘的情况并不少见，像华为那样坚持长期投入资源到基础研究上的企业并不多，大多数企业往往只是浮在消费应用的表层上做营销创新。

企业可以通过认知产品来挖掘出能识别品牌差异并持续消费的源点用户，然后力出一孔，将为源点用户创造价值作为企业的经营目标。企业一方面要持续升级认知产品以更好地支持用户的持续进步，同时也要整合并开发其他产品来满足源点用户的多元需求；另一方面要从认知源头往上追溯，从应用体验研究深入到技术基础研究，像华为招募数学家、物理学家去研究通信技术的本质一样，去探究所在行业的本质规律和进化方向，以此来拓展产品结构，打造力出一孔、更为协同健康的产业生态，并构建外在坚不可摧的竞争壁垒。

6. 打造平台，培育战术英雄

没有创新就无法在残酷的竞争中长久地生存，企业只有不断地培养持续创新的能力才能铸就其核心竞争力。但在现实中，很少有企业能够通过连续的创新来获得持续的成功。在品牌光环带来的马太效应⊖和资本的加持下，人们往往会屈从于资本的要求去追求盈利和股价的增长，而

⊖ 马太效应，通常是指强者愈强、弱者愈弱、赢家通吃的社会现象。一旦取得市场上的领先，品牌若能通过传播迅速占领顾客心智，便能享受到消费选择向头部品牌集中的巨大红利。人们更乐于通过传播和市场营销来快速兑现收益，投入到产品创新上的关注和资源自然就少了很多，毕竟创新有风险，还得有延迟满足的良好心态。

在持续创新上却做得远远不够。企业若不能为社会持续地创造新的价值，那么它迟早会被全新的业务模式所颠覆。

从逻辑上讲，经营不同的产品和业务需要不同的知识和创新能力。尽管企业也在不断地总结经验，但从经营实践中积累的独特知识多数仍分散在个体的感性经验中（迈克尔·波兰尼称之为"个人知识"），它们并未被系统地梳理出来成为组织共享的知识。如果企业不把这些"个人知识"整合成"组织知识"，那么就会严重阻碍群体性的共创。随着企业人才的流动与流失，其创新能力也会不断地被削弱。

经营者习惯于从"事"的成败上总结经验与教训，经常会忽视培养组织的创新型人才。当经营者试图把主业上习得的经验知识和能力迁移到新业务上时，往往并不能实现预期的目标，有时即使是引进了价格不菲的空降人才，[⊖]企业在开展新业务上仍会有无力感。经营者个人的精力和

⊖ 很多企业进入新的业务领域时，多会高薪聘请同行的人才，器重经验丰富的空降兵，轻视自己带出来的团队，但这样做的效果通常并不理想。一般来说，除非是整体收购，招募来的空降人才往往只是掌握了该领域的部分知识，即便复制了他们的经验，企业也只不过是能做出同质化的产品而已。

认知能力是有限的，业务边界的有效拓展靠的不是资本，也不是品牌光环，而是看企业能否成体系地培养出具备转换性创造的创新型人才——我称之为战术英雄。

经营者要立足于认知产品的创新与升级，通过满足某一特定的源点用户群体的个性化需求，搭建起"源头—产品—渠道—用户"的一套完整、独特的业务生态体系，并在这个体系的基础上打造一个培养战术英雄的平台。

就搭建培养战术英雄的平台而言，企业首先要将经营认知产品过程中每位战术英雄所积累的个人知识梳理出来，整合为组织所独有的经营知识，再将其理论化提升为组织统一的理论指导，并在此基础上提炼出一套适合企业人才培养的培训体系。

其次，要采用"师徒制"打造干部的梯队培养模式，让每位有潜质的储备人才都能从这套体系中脱颖而出，让组织具备规模化培养战术英雄的机制和能力。

有了这样一批能实战且有统一理论武装头脑的战术英雄，企业就具备了在新业务领域持续创新的能力，也唯有企业知识的积累与传承，才能锤炼出组织内在牢不可破的核心竞争力。

7. 开放协作，构建行业统一战线

就实现战略目标所需的条件而言，企业的实力与规模通常总是显得相对不足，因而与更多的战略合作伙伴构建利益与命运共同体，赢得市场和社会更多的支持是企业获得更大成功的有力保障。建立强大的行业统一战线是企业可持续发展的必然选择。现实中，不少企业在不断地开发新产品、拓展新业务、向上游和下游延伸，最终因为企业间利益的争夺而损害了行业统一战线的构建。

一般来说，全线出击的企业基本上是在做同质化经营，随之而来的价格战所引发的恶性竞争便成了破坏行业合作的罪魁祸首。当企业因为自身利益而迫使合作方做"二选一"时，显然它就侵蚀了合作方的自主选择权；当企业依赖资本的力量，选择资本作为同盟军时，通常会有"门口的野蛮人"[○]在等着企业犯错；当企业把自身利益置于顾客利益、社会利益之上时，就会在自我封闭中消耗并透支品牌的信用。

为了业绩增长而不受约束地突破经营边界是阻碍企

　○　华尔街通常把那些"不怀好意"的收购者称为"门口的野蛮人"。

业健康发展的因素之一。企业应专注在各自擅长的业务领域，通过认知产品去真正解决用户痛点，培育忠实品牌的源点用户，然后凭借他们的示范消费去影响其他顾客的选择。如果每个企业都用自己独特的认知产品来参与竞争和协作，就有可能实现"各美其美、美美与共、和而不同"的既竞争又合作的局面。同时，如果企业的多元化拓展围绕自己的源点用户进行，那么即使与同行产品有重叠交叉的部分，也不容易陷入针锋相对的恶性竞争。

认知产品是牵一发而动全身的绝对主角，企业要充分认识认知产品所肩负的战略任务，不能只是把它当成一个销量不错的老产品，反而将心思放在新产品、新业务的拓展上，同时也要避免在实际经营中走回"认知归认知，经营归经营"的老路。

第二节　认知产品如何平衡当下与未来

企业当下创造的业绩是过往投资于品牌认知建设上的成果兑现，但是这个因果关系存在时间差，并且不易被企业所辨识。因此，企业容易把当下的成果归因于近期的战术动作，这种归因偏差会影响企业当下收益与投资未来之间的平衡。

认知产品的当期收益与长期回报之间的平衡

经营者常常会收到这样的建议：企业要聚焦经营认知产品，投入相当大的资源到认知产品的研发创新、单一传播和持续升级上。这样的建议通常会遭到团队成员的质疑。困扰团队成员的一个客观事实是，早期能识别出品牌差异且愿意做出持续消费的源点用户很少，企业当下在认知产品上获得的收益与投入相比通常并不成比例。

在业绩快速增长之前，企业需要有足够的耐心来培育源点用户，积累源点用户。只有用认知产品培育出足够多的源点用户，品牌才有机会引爆市场。因此，要从多元经营顺利转型到认知产品经营，经营者首先要统一团队成员内部的认知：认知产品能为企业创造长期有效的业绩回报。同时，企业要通过打造样板市场来坚定团队成员的信心，这样可以避免在转型过程中受到其他产品的影响。

一旦在市场上建立品牌认知，企业就能获得多重竞争优势，如规模化的成本优势、品牌流量优势下的多元业务机会，以及更能吸引到包括资本、人才在内的社会资源，等等。管理者若因为组织规模巨大、管理层级增加而逐渐远离市场一线，不再关注源点用户具体而微的需求，而把精力更多地放在组织管理、业务拓展和资本运作等上时，就容易把业绩增长归因于品牌认知之外的短期因素，从而忽视对既有品牌认知的维护和升级。例如，当企业用低价或者多元扩张的策略在短期内获得一波较快发展时，团队成员就容易把低价或多元化视为业绩增长的主要因素。

不少企业为了业绩的增长不断地运用价格武器，这种方式尽管在短期内能获得一定的消费热度，但其品牌认知却逐渐固化，难以在顾客心智中保有新鲜感和关注度，而原有的忠实用户在收入增加的情况下也容易发生消费转移。换句话说，如果品牌认知不能持续地升级，那么企业未来的增长潜力就会被扼杀。

与此同时，企业过度地多元化会带来运营成本、管理成本的大幅增加，企业先前的成本优势不复存在。这就给了专注于其中某个单一业务的对手用更高效的经营和更低的价格来切割市场份额的机会。于是在现实中，人们经常可以看到缺乏强势认知产品的多元企业往往会陷入被上下夹击的困境：既被更高端的品牌压制无法提价，又被更专业的细分品牌不断蚕食市场份额。

企业之所以在"当下收益"和"投资未来"之间踟蹰不前，其根本原因在于没能识别出品牌认知与业绩成果之间的关系。而我认为，认知产品是平衡当下与未来的关键，认知产品的持续升级才是维系企业当下与未来的纽带。

认知产品的高价与市场规模的平衡

　　企业要建立品牌认知，首先要用顾客最能感知、最可识别的价格来与竞争产品做区隔，因此品牌的认知产品要做到在品类消费层次⊖中相对高端甚至是最高端。如此操作，品牌就容易成为顾客的认知标准和选择参照，企业也因为高价带来的高势能而拥有了掌控行业话语权的可能。

　　企业要落实品牌的话语主导权，高价的认知产品还要获得尽可能大的市场份额，占据市场领先地位。实现认知产品高利润与高市场份额之间平衡的关键在于集中资源传播认知产品，并以超出同行声量的传播力度将其植入顾客心智，通过市场的自主选择平衡渠道的博弈。

　　但是，品牌占据高市场份额也需要把握好"度"。我认为，品牌占据过大的市场份额甚至形成市场垄断其实并不具备经济性。

　　首先，消费群体的金字塔结构决定了企业需要服务中低端消费群体，这样才能获得更大的市场份额，但这部分中低端消费群体的消费水平不高，这就意味着会有更多的

⊖　在品类发展的不同阶段，我们可以大致区分出高端、大众和低价三个不同的消费层次。

竞争对手加入市场，同质化竞争会消耗企业更多的资源，包括更庞大的组织架构和巨量的营销投入，这又会影响企业在研发创新上的投入。

其次，过大的市场份额也不利于打造良好的经营生态，它容易导致团队成员的狂妄自大，内部治理成本高企。

最后，外部顾客也会因失去选择自主权而发生消费抑制或转移，这给潜在的品类颠覆者创造了机会，不利于企业的长久生存。物极必反，企业需要时刻保持对市场的敬畏。

我认为，认知产品的升级并持续提价便是一种平衡之道。企业要保持长久的生命力，不是靠价格战挤压竞争对手的生存空间，而是要有跳出舒适区进行自我革新的勇气，在无可模仿的深水区开展高风险的探索，要通过持续创新来做大品类需求，让更多拥有不同技术路线的对手参与市场竞争，共同促进品类繁荣。当然，这需要头部企业的掌舵者拥有非同一般的大格局与大胸怀。

认知产品的投入与成本分摊的平衡

如前文所言，认知产品不仅承载了建立品牌认知、创造顾客需求的任务，而且担负着培养团队、积累组织独特知识的重担，所以经营者不能把在认知产品上的投入仅仅视为成本，它更是对未来的战略投资。我提出"品牌成本"这一概念，并认为认知产品的研发升级和广告传播费用应该计入品牌成本。这里不妨运用二八定律将品牌成本的 20% 视作认知产品的成本，将余下的 80% 分摊到其他产品上。

"品牌成本"概念的引入将有效修正现实中的成本扭曲。"品牌成本"做这样的分摊后，认知产品的高定价理论上能为企业创造更大的"盈利"，而其他按传统会计法核算出的"盈利"产品很有可能是"亏损"的，这一成本分摊将有利于企业审视多元产品的真实贡献。

或许正因为有了"品牌成本"的支撑，企业的多元化扩张才有了快速发展的基础。关于这一点，举个例子大家就好理解了。2013 年微博投资了秒拍，2017 年秒拍的月活达到 2.76 亿，同年快手的月活达到 1 亿，而抖音才刚刚加入短视频的战局。类似秒拍这样"来得快，去得也快"的企业提醒我们，要分析清楚某个产品或业务快速起量的根本原因，是因为产品本身确实解决了用户的痛点？

还是因为产品抓住了市场空白，借助品牌光环带来了一些流量？抑或是因为产品顺应了风口大势？

人们的关注力很容易被类似秒拍这样靠品牌影响力快速起量的非认知产品所吸引。深耕认知产品既费力辛苦，又需要时间的沉淀，若是耐不住性子，企业就很容易被这些创造短期收益的非认知产品所影响，于是企业战略方向的摇摆不定便成为一种常态。

又比如，社会上有不少业务骨干把做出的业绩归因于自己的优秀和努力拼搏，而忽视了企业平台已为个人品牌的信任背书支付了相当大的成本。离开了企业平台和品牌的信任支撑，靠个人能力和辛勤取得的成功可能就要另当别论了。

认知产品的聚焦与多元经营的平衡

理论上，企业在认知产品上的聚焦与多元化经营并不冲突。只是在现实中，企业中产品之间各自为战的情形是常态，业务之间争夺资源甚至相互消耗的情形也并不少见。企业内部的业务协同更多体现在 PPT 中。

究其根源，我们发现传统的多元化拓展的决策依据多是从市场机会出发，或模仿主流，或跟风热点，导致不同产品所服务的顾客群体、所解决的用户任务各不相同。这就意味着不同的业务板块需要匹配不同的知识能力和经营模式，因而知识的复用性差，再加上部门和个体利益追求也各有侧重，多元业务之间的协同整合自然就相当困难。

聚焦经营的本质并不是在产品或业务的外在形态上聚焦，而是要聚焦到一个特定的用户群体上，聚焦到认知产品所解决的用户任务上，进而聚焦到源点用户的持续进步上。认知产品的聚焦和多元产品经营之间平衡的关键在于源点用户这个群体。企业应当立足于源点用户的持续进步来升级认知产品，围绕源点用户的多样需求来做业务拓展。如此"力出一孔"无疑会给企业带来强大的竞争优势，企业便能在先期投入产出的基础上做持续创新，并充分借助源点用户群体对品牌的信任，大幅降低新产品的营销成本和试错成本（品牌成本在发挥作用），从而获取更大的外部收益。

同时，在解决源点用户任务的课题上，企业会不断积累出组织独有的知识和创新能力，这就为创新型人才的规模化培养提供了理论支撑。投资人才而不是投资某个具体的新产品或新业务，这才是企业投资未来的最佳方式。

如何在当期收益与未来投资之间实现平衡，每个企业要根据自身的个性特点和现实所处的竞争形势，在实践中做好"度"的拿捏，并以此总结出自己的独到经验。企业能否活得长久，关键在于能否把握好这个"度"。

第三节　如何构建企业产品结构的秩序和生态

认知产品的消费往往具有时节性。在认知产品的销售旺季，大家把注意力都放在认知产品上，那在认知产品的销售淡季企业又该如何做呢？

经营者会给每一种产品安排不同的任务，例如这种产品是给某个渠道客户专门开发的，那种产品是给另一类顾客准备的。经营者对产品的期望和执行团队所理解的产品任务要做到完全一致通常很难。事实上，团队成员中每个人的心中都有自己的一套产品结构，权重不同，缓急不同，大家对不同产品有不同的认识，这就容易导致团队协作中的矛盾、冲突与博弈。企业解决这类冲突的方式通常是会议协商，往往一次会议并不能解决问题，于是需要接着开一次又一次会议。

　　如何理解认知产品和其他非认知产品之间的关系？如何基于认知产品整合出一个有序的产品结构，破解企业当下产品之间各自为政的难题？什么样的产品结构能让企业内部的交易成本大大降低，并让运营效率得到大幅提升？这一节我们将重点讨论这些问题。

认知产品在品牌成长中的作用

　　在品牌发展的不同阶段，企业经营市场的重心是不同的。我在《认知战：30秒讲好品牌故事》一书中，首次按照不同的维度将顾客分为非顾客、新顾客、老顾客、源点用户、跟风顾客和非适宜顾客六类（见图5-1）。

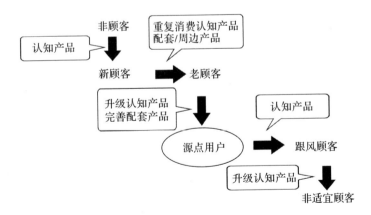

图 5-1　品牌成长过程中的六类顾客群体

从把非顾客转化为新顾客开始，认知产品在品牌的不同发展阶段都发挥着核心的作用。

（1）非顾客→新顾客：通过认知产品将非顾客转化为新顾客是打造品牌的关键所在，也是认知产品的核心任务之一。

（2）新顾客→老顾客：认知产品带来的超出预期的体验是留住老顾客的关键因素。企业同时需要开发非认知产品（配套产品和周边产品）进一步增强顾客黏性，强化老顾客的重复消费。

（3）老顾客→源点用户：企业通过持续升级认知产品并完善配套产品，来放大品牌的独特差异价值，同时从老顾客中发掘并培育出品牌忠实的源点用户，维持他们对品牌的认知热度，直至认知产品成为他们的消费刚需。

（4）源点用户→跟风顾客：源点用户会做自发传播，用口碑和示范消费影响身边的跟风顾客，也会借助认知产品的差异化标签来显示自己与众不同的消费品位。为了进一步放大源点用户对市场的影响效果，企业要为源点用户开发一套口碑传播的工具，便于有效经营他们的二次传播。

（5）跟风顾客→非适宜顾客：随着品牌影响力的扩大，受从众心理的影响，消费人群中可能会产生一部分非适宜顾客，如高端品牌吸引了消费水平相对较低的顾客的盲目跟风。如果在跟风顾客群体中出现了非适宜顾客，以至品牌的源点用户开始拒绝"与之为伍"，那么，此时企业就面临两个选择，要么将认知产品做进一步的价值升级，为源点用户的持续消费提供强有力的理由，要么利用销售规模带来的成本优势进一步做大市场份额，将认知产品做成大众消费。鱼与熊掌不可兼得，品牌无法两全其美。

通过对六类顾客的解读，我们可以看出品牌经营的重心应该聚焦到源点用户身上。同时，我们也不难发现非认知产品只有在"新顾客→老顾客"这个环节发挥作用，用于满足老顾客多样的需求，所以企业不应将大量的精力投放在非认知产品上。

很多企业做多元化扩张所进入的新业务领域通常已有扎根市场多年且相对强势的竞争对手。在需要比拼增长速度和运营效率的竞争压力下，新进入者来不及从头积累新业务的行业知识，往往会选择一条捷径，那就是花大价钱去招揽行业精英。但是从实际效果来看，这种汇聚各路英才、搭新台唱新戏的做法往往效果并不好，乘兴而聚、败兴而散的情况时常出现。其根源在于，各路精英的价值取向不同、经营理念不同、操作思路不同，很难像企业的老团队成员那样在执行中形成秩序和默契。

企业既然"活"在认知产品上，对认知产品的持续投入也会积累出企业独特的知识和团队能力，那么，企业就应该在基于认知产品打造出的平台上进行多元化拓展，这样做才是有序且高效的。

首先，企业实践积累的知识能得到有效的复用。新产品、新业务一出生就会带上在认知产品上积累的差异化的基因，避免被市场贴上"同质化"的标签，因此也就有了被顾客选择的机会。

其次，企业现有人才团队的价值观基本是一致的，执行是高效的，可以迅速做出产品原型并在老顾客中做新产品测试。认知产品的开发经历让团队成员统一了解决用户痛点的价值理念。同时，"生意建立在认知和信任之上"，老顾客资源的盘活可以帮助团队高效地完成市场测试和产品迭代。

最后，在企业的独特知识上孵化出的新业务往往不容易被他人所模仿。不少经营者有良好的商业直觉和超前意识，能洞察用户痛点并感知潜在的市场机会。但倘若自己缺乏相应的知识，需要与人合作，借助他人的知识乃至投资共同开发新业务，那么在现实中替他人做嫁衣的情况就有可能会出现。

这也提醒企业在做跨界多元前一定要慎重思考：现有团队有相应的知识储备吗？企业使用他人的知识终归会受人制约，"资本"终归要靠"知本"才能获得更大的成功。

非认知产品的配角任务

前面我们介绍了认知产品的主角任务，下面我们再来明确一下非认知产品的配角任务。

1. 协同认知产品解决用户痛点

解决用户痛点是企业"自生"与"长生"的根基，企业的多元化产品开发首先要满足解决用户痛点这一目标。一般来说，认知产品会有产品形态和消费时效的限制，因此要全面地、有深度地解决用户痛点，就需要其他产品的协助。配套产品的任务便是与认知产品一起协同解决用户痛点。

　　例如，万唯中考在努力协助老师解决高效备考的痛点。[一]万唯中考的认知产品是《试题研究》，它满足了老师在一轮总复习阶段的备考需求，那如何满足老师在其他阶段的备考需求呢？在二轮测验复习阶段，万唯中考提供了模拟卷定制服务和《黑白卷》《定心卷》等卷类的配套产品，帮助老师通过模拟测试来检验总复习的效果，针对班级学情来做重难点专题复习并熟悉来自考改先进省市的新考法，同时也提供了《名校模考满分作文》《压轴题》等专项周边产品来满足学生的查漏补缺和单项突破的个性化备考需求。万唯中考的这些产品协同认知产品《试题研究》一起解决高效备考的用户痛点，如图 5-2 所示。

　　㊀　中考备考指的是九年级下学期课程教学结束后到中考前的这一时间段。常规的中考备考分为两个阶段：第一阶段是总复习阶段，把初中三年的知识点做一个全面的回顾梳理，并根据中考改革要求做重点复习，这一阶段简称一轮总复习；第二阶段是模拟测试阶段，采用多次模拟卷测试方式帮助学生查漏补缺和单项强化，这一阶段简称二轮测验复习。

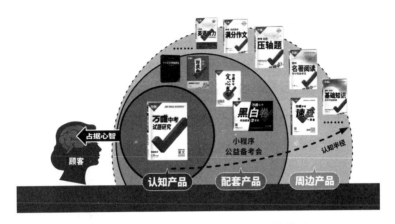

图 5-2　万唯中考系列教辅图书产品结构图

资料来源：陈寿东。

2. 便利老顾客，兑现企业的边际收益

企业把老顾客服务好了，赢得了他们的信任，就能开发多样产品，在满足老顾客选择的便利性的同时也能兑现更多的边际收益。注意，这里用"兑现"一词，是想说明企业向老顾客推销新产品的营销成本低，是建立在花费了很大成本推广和体验认知产品的基础上的，是在兑现老顾客对品牌的信任。这类推销活动也要适度，如果营销团队为了业绩没完没了地向老顾客推销不同的产品，就会透支老顾客对品牌的信任。

3. 战术侧翼拱卫认知产品

企业面对的竞争是残酷的，来自四面八方的竞争对手都在尝试用利益杠杆撬走渠道客户和终端客户中不那么忠实的顾客。企业既要在以认知产品为大本营的正面战场上搏杀，也要在多元业务领域的广阔战场上进行侧翼拱卫，或扩大生存空间，或抵御恶意攻击。

非认知产品的一个核心任务是为认知产品的稳健发展创造良好的环境，换句话说就是把认知产品创造的品牌商誉兑现成业绩与利润，以支持企业在认知产品上的持续投入。

4. 孵化培育第二成长曲线

企业的多元化探索还有一个至关重要的任务，那就是帮助企业在现有的核心业务中孵化出未来有大潜力的新业务。企业的第二成长曲线是基于自身的基因自然生长出来的，它很难通过借助品牌的影响力延伸到他人创造的热点机会来实现。像吉利汽车意图进军高端智能手机市场一样，市场实践已反复证明，通过跟风市场热点培育企业新的增长点只不过是创业者的一厢情愿而已。

企业的第二成长曲线往往以一种意外的方式被发现，因此企业应保持谦逊和敬畏，像真正的"领导"那样寻找"刚刚露出的桅杆顶"。

配套产品与周边产品的任务

再重复一次，培养用户思维要从命名开始。我曾把"非认知产品"命名为"销售产品"，但这个命名是站在企业视角上的，我们可不能用这个词去跟顾客说："王姐，我们还有一款销售产品很适合您，要不要体验一下？"试着想象一下，顾客听到后会有什么样的感受。

2019 年，在一次与潞安府团队的互动中我提出非认知产品的命名问题，我们碰撞出用"配套产品＋周边产品"来换掉"销售产品"。不过当时我还只是更改了名称，关于如何定义"配套产品"尚未做深入的研究，至于"周边产品"，它可能是一个大筐，什么都能往里装。

2020 年，我和武汉易观品牌策划设计有限公司的陈寿东老师一起讨论"跳跳熊预习"丛书的封面设计，我们按照"认知＋配套＋周边"的主次结构梳理出了多产品视觉结构设计的基本原则：既要保持视觉的统一性，又要清晰区分彼此。[一]同时，这次讨论也促使我对"用户痛点"这一概念进行了深度的思考，并对配套产品和周边产品做出了如下定义：

配套产品＝协同解决用户痛点的产品
周边产品＝满足源点用户多样需求的产品

针对上述定义，我分别明确了配套产品和周边产品的任务。

1. 配套产品的任务

（1）创造不同的消费情境，协同认知产品解决用户痛点。

很多时候顾客也很难清晰地表达出自己的消费痛点。《史蒂夫·乔布斯传》中有这么一句话：消费者并不清楚

[一] 我们提出多产品视觉结构设计的核心在于，认知产品的视觉设计应当将品牌名＋logo 图形作为第一焦点，产品名作为第二焦点，因为认知产品有最多的传播资源来强行植入顾客心智；配套产品的设计可以把产品名作为第一焦点，品牌名＋logo 图形作为第二焦点，保持认知产品的类似风格，在确保有区分度的前提下强化人们对认知产品的视觉记忆；周边产品的设计则可以进一步放大产品名，进一步弱化品牌名＋logo 图形，视觉表达既要能让人们归类同一品牌家族，又要有较大的区分度以方便老顾客做出产品识别。

现在科技的发展水平，他们并不知道科技可以干什么，他们也不能预测下一个改变整个行业的突破口在哪里。人们不知道想要什么，直到你把它摆在他们面前。[一]

企业要发挥主观能动性，主动创造出不同的消费场景和使用情境，创造出不同的产品形态，把创新发明的新产品原型放在顾客面前，让他们在消费体验中感知自身痛点的存在，以此激发他们自主提出更高的消费需求，再根据用户反馈进行产品的快速迭代与完善升级。

（2）先于认知产品消费的体验产品。

潞安府遇到这么一个营销难题。妈妈们要提前给儿女们置办婚被，从第一次接触品牌到做出消费选择，通常会相隔很长的时间。在此期间，如果妈妈们自己没有消费体验，对品牌的认知不强，对产品品质的感知不深，那么潞安府要促成婚被消费就很困难。婚被是妈妈们送给儿女们的，儿女们各有不同的想法。那么，让妈妈们自己消费什么样的产品才能更好地促进婚被的销售呢？

结合实践经验，潞安府多次讨论碰撞出的结果是：让

〇　引自中信出版集团 2023 年出版的沃尔特·艾萨克森所著的《史蒂夫·乔布斯传》。

妈妈们提前体验家居潞绸小被，而不是丝巾、真丝睡衣或礼服定制等其他产品。因为家居潞绸小被能让妈妈们体验到与认知产品——新娘潞绸被同等的品质，经过妈妈们的消费体验后再替儿女们做消费决策。

由此可见，先于认知产品消费的体验产品可以成为配套产品。

（3）激发用户"自发"提出更高的需求。

经营者经常会看到，少数更为挑剔的顾客会吐槽产品不能满足他们的需求，并自发提出超出企业当下技术水平和服务能力的需求。企业应该对这部分"更高"的需求予以高度关注，切不可因为这只是个别少数人的要求而忽视它。因为更高需求的背后有时蕴藏着更大的市场机会，企业若能抓住它，或许就能开辟出一个全新的市场。

由此可见，配套产品与认知产品是共生关系，两者相辅相成。随着企业对源点用户的用户任务有了更为深入的认识和理解，也不排除认知产品和配套产品的角色身份有互换的可能。

下次可以跟王姐这么说："我们还有一款配套产品很适合您，要不要体验一下？"

请梳理企业 / 部门的配套产品，并给出理由。

---

2. 周边产品的任务

虽说"周边产品"名义上是一个更大的筐，但我们也不能什么都往里面装。这里我将周边产品的定义锁定在"源点用户"身上，就是为了让企业主动进行自我约束，有序地进行新产品的拓展开发。

（1）产品端形式创新，市场端营销创新。

前文提到的认知产品和配套产品，它们需要在内容创新上做出独特的差异化价值，而对于周边产品，企业则可以采用跟随策略，在市场营销层面用形式创新来满足源点用户的其他共性需求。

即使是借鉴模仿行业内的其他主流产品，周边产品的形式创新也并非只是简单地换个包装形式，而是需要企业把在认知产品上积累的核心能力迁移过来，使周边产品的内容同样具备一致的差异性，同时在具体的消费情境下做体验层面的形式创新。

（2）从意外增长中发掘竞争薄弱的市场机会。

当行业被主流需求和消费形态所裹挟时，大量的边缘性需求和小众需求就常常会被人们所忽视。如今的互联网工具、柔性制造和物流的进步让市场释放出这类需求的巨大潜力，它们也正是长尾理论[○]能发挥作用的技术支撑。有了这些技术支撑，我们可以得出这样的判断：认知产品越强势，满足小众需求的周边产品就越能给企业创造更多的收益。

负责周边产品的团队也不要因为自己在组织中的非主力角色而懈怠，团队成员同样需要深入市场一线，在顾客真实的消费场景中去观察、去体验，去发掘竞争薄弱、未被很好满足的市场需求，这样就有机会创造更大的价值，甚至有发展成主力部队的可能。[○]

○ 长尾概念由《连线》杂志前主编克里斯·安德森在 "*The Long Tail*" 一文中最早提出，它揭示了技术的进步让"尾部"产生的总体效益甚至会超过"头部"的现象。长尾理论也被认为是对传统"二八定律"的对立与补充。

○ 企业确立的认知产品并不是一成不变的。特别是创业早期，经营者对市场机会的认识和自身能力的理解并不清晰，随着实践的深入切换全新的赛道也是完全有可能的。

周边产品是基于老顾客对品牌的信任而顺带推销的产品，企业需要把握好拓展周边产品的"度"，尽量避免进入同行对手的核心地盘，避免盲目跟风市场热点。一方面企业过度兑现会透支品牌信用，另一方面因为企业投入多元产品开发的资源有限，且过度开发不易保障产品品质，有缺陷瑕疵的周边产品就容易让品牌在市场上形成技不如人的负面认知，若是因此而损害了品牌的整体形象就得不偿失了。

企业要把精力放在认知产品以及配套产品上，做强做大这些产品，为市场创造独特价值来赢得同行的尊敬，并与同行和谐共处，共促繁荣。

我更愿意把"周边产品"与"认知产品"的关系理解为寄生关系。"周边产品"寄生在"认知产品"所打造的消费情境中，既受到品牌认知的保护，也能丰富老顾客的消费需求。

立足于认知产品发展独特的业务模式

我按照"认知＋配套＋周边"的产品结构，设计了如下一种简单有序的业务逻辑：

第一步，认知产品开拓培育新顾客，发掘源点用户。

第二步，配套产品协同认知产品维护源点用户，周边产品满足源点用户的多样需求。

第三步，通过源点用户的人际传播，用认知产品拓展新客。

第四步，升级源点用户，持续升级认知产品。

厘清产品的结构秩序是企业需要优先解决的课题。产品和业务经营有了秩序，企业中的职能团队才能实现"力出一孔"，企业也可以因此大幅降低内耗的程度，避免内卷的发生。品牌的认知产品各不相同，企业要围绕自己的源点用户设计特色鲜明的业务模式，避免在同质化的"死地"上做低效竞争，走出自己特色的发展之路。

大多数终端门店虽然店铺不大但经销的商品并不少，如何梳理出产品的结构秩序，让经营更有序是一件让经营者头疼的事。针对这个问题，我认为确立经营秩序的关键是锁定一类源点用户，基于这类用户来设计"认知＋配套＋周边"的秩序结构。例如，在浙江湖州，听过"认知战"课程的吕永亮教练按照上述结构逻辑给自己的酒类零售业务做了梳理：锁定高端消费的商务用户，把百坦酱酒

作为认知产品，国窖 1573 低度白酒、勃艮第高端葡萄酒
等作为配套产品，其他品牌白酒、黄酒、啤酒、口粮茶、
饮料等作为周边产品。为了强推认知产品，他索性把店名
改成"百坦酱酒"，从而体会到了特色经营的简单和高效。

　　"认知＋配套＋周边"的秩序结构不仅仅可以应用在
产品上，也可以应用于其他各个需要秩序的领域。

| 小
结 | ● 产品结构有秩序是一种美，也是企业的生产力。
● 企业应该围绕"认知＋配套＋周边"来设计产品
　结构。
● 企业经营以认知产品为主角，可以做到力出一孔。 |

CHAPTER 6

第六章

为何升级认知产品

本章四问

第一问：企业为何"加个不休"

第二问：为何要在认知产品上做持续创新

第三问：如何升级认知产品

第四问：品牌拓界有何原则

试着先写下您的思考与理解：

　　如果说上一章基于认知产品的结构设计让企业实现了空间面上的秩序，那么，这一章，我们来思考怎样能让企业实现时间线上的秩序。

　　彼得·德鲁克认为，企业有且只有两个基本功能——市场营销和创新。市场营销实质上是通过展示品牌创造的差异化价值来创造顾客，而营销的内容来自创新。所以，创新才是企业生存与发展的基石。

　　不少企业强于营销，但创新平平，终究还是载不动更大的抱负。经营者要时刻问自己：企业的创新在哪里？企业对行业的发展做出了哪些贡献？

第一节　企业为何"加个不休"

很多企业习惯于通过做"加法"来获得增长。如果老产品的销售业绩增长疲软，在业绩压力下，企业自然就要多开发新产品，多开拓新渠道，加大包括广告、人力的资源投入，甚至是要开展兼并收购，这样可以让企业的报表看起来更美。

或许"喜新厌旧"是人的天性。有人单纯喜欢挑战新事物，有人因为对手有新品担心自己落后，也有人想通过新品复制出更大的成功。于是，大家不停地尝试进入新的领域，也在不知不觉中让企业陷入无序和耗散。

专家苦口婆心地劝诫企业"要聚焦""要舍得，有舍才有得""要断舍离"，商业教科书中也在宣扬"长期主义""延迟满足""一生只做好一件事""把一件事做到极致"，国家也提倡用"专精特新"来鼓励企业的"工匠精神"，鼓励企业做隐形冠军。道理大家都懂，可现实中真正能做到聚焦与坚守的企业又有多少呢，为何大多数企业仍然在"加个不休"呢？

短板归因

在新产品、新业务立项开发之初，经营者都相当乐观地认为企业有能力有优势，市场效果理应不会差。但事实上，新产品的市场表现往往并不如人意，有时候甚至还会给经营者带来不小的心理落差。企业针对经营策略的总结复盘，对成败做出的归因解读，决定了企业对自身和市场的理解，也决定了下一个产品的经营决策。

团队成员在做总结复盘时会发现，不管实际成效离既定目标有多远的距离，成绩和市场效果总还是有的，只是亮点不够突出。管理者通常只是简单地总结成绩对团队给予一定的表扬，但主要的关注点还是放在了分析差距和落实责任上。大多数情况下，团队成员会认为是外部市场、行业政策或经济大环境等其他不可控的因素影响了目标的实现。于是，企业最为常见的复盘就是把反思重点放在内部管理和运营的检讨上，因为它们是看得见、摸得着的。

　　检讨反思的结果通常是，产品力不足、执行力低下、资源短缺、策略失当，等等。换句话说，市场的真实反馈让团队成员认识到自身的能力并没有当初以为的那么强，优势也并不怎么突出，更为重要的是大家常常把失利归因于自身存在诸多不足。因此，总结出多项改善、改进建议就成了复盘的重大成果。人们总是期望通过学习新知识、培训新技能来弥补不足、改善短板，期望在下一个新产品上能有更好的发挥，收获更好的市场表现。只是等到下一个新产品面市时，多数情况下我们会遇到更强的新对手，也会遇到经验库中没能总结出的新问题，于是继续检讨不足并提出若干改进建议，再次对下下一个新产品抱有期望……

　　归因于短板给企业带来了什么？弥补多方面的不足能让企业真正强大起来吗？如果说短板成了企业发展的瓶颈，那么我们的瓶颈是否有点多？ TOC 制约法[○]的发现者

　　○　艾利·高德拉特博士，以色列物理学家、管理大师，在《目标》一书中第一次提出 TOC 制约法。TOC 制约法和精益生产、六西格玛被人们并称为三大精益管理理论。

高德拉特博士有这样的洞察：把每个局部的改善加起来并不意味着整体会得到改善，更多时候会起到反作用，因此我们只需在制约企业发展的关键瓶颈上做出改善就能发挥作用。那么，什么才是企业的关键瓶颈呢？

在现实的市场竞争中，无数的企业都在努力争夺顾客的注意力和有限的消费力。长板短板不是孤立的存在，若是一家企业垄断了全部的市场，就无所谓谁长谁短了。长短相形，己之所以有所"短"一定是因为彼有所"长"。正因为竞争对手无处不在，故而企业的"短板"也无所不在。正是这个短板思维，让企业经常陷入"不足—改进—新的不足—新的改进"的循环中，让企业寄希望于下一个翻盘的产品。于是，企业就陷入"加个不休"，在一个接着一个新产品的努力中期待碰到好运气。

表象上看，企业是在产品上"加个不休"，本质上是因为企业在认识自我上的错误归因，造成企业在其短板上"加个不休"。今天试图弥补左一个短板，明天试图弥补右一个弱项，经营者希望通过这样的"加个不休"让企业更加完善、更加强大。而事实却恰好相反，短板思维让企业与真正的成长南辕北辙。逻辑很简单，既然是相对于"人之长"的"己之短"，若是我们通过学习"人之长"来补上"己之短"就能胜过他人，那还是"己之短"吗？换句话说，长处不够长才是真正的短板。

只要我们把任务目标定得足够有"挑战性"，那么"失败"就是常态。西方有句民谣"少了一枚铁钉，失去一个国家"，提示我们：要意识到小处失误会带来巨大的灾难。是不是它也在提醒我们，如果不去弥补自己小小的不足，与竞争对手的差距就会越来越大呢？

大多数情况下，企业在短板上的改善多是浅尝辄止，今天要备齐铁钉，明天又要备足电池，每次失利可能又会有不同的短板吸引我们的关注，总有不同的短板等着我们去改进、去完善。

长处归因

长处归因才能让企业获得真正的成长。

古圣先贤们一直教导我们，行有不得，反求诸己。若是向外归因、向外推责，自己不做出任何改变的话，自我成长就是一句空话、一个奢望。人们也常说，向内归因才能促进自我的成长，习惯向内归因的人更容易取得成功。如前文所述，短板归因很难帮助企业获得更大的成功。在这个术业有专攻、需要团队协作的时代，没人会用你的短板做事。德鲁克在论及"什么样的人不能担任管理者"时强调：如果一个人的注意力只集中在人们的弱点上，而不是人们的长处上，这个人绝不能被任命担任管理职务。⊖

企业应当信奉"成功乃成功之母"。实践证明，成长的要素恰恰来自那些我们不太关注的小业绩、小亮点。正是这些被我们忽视的小亮点中有"己之长"，有比较优势（哪怕当下还只是个苗头），有特定用户需要解决的特定问题，有用户自发产生的超出预先设计的场景应用，有个体在重复实操中所掌握的"度"的感性经验，更有企业自身长期积累沉淀下的独特个体知识，等等。它们才是铸就企业成长的基础。

若企业不把预设的大业绩、高目标当成唯一的考核标准，而只是将其视作激励团队测试市场、理解市场的一种方式，那么我相信，团队成员将更有意愿和动力去挖掘局

⊖ 引自机械工业出版社 2006 年出版的彼得·德鲁克的《管理的实践》一书。

部的成功和小亮点。[⊖]如果在每一次新的尝试中团队成员不断地总结自己做对了什么，是什么长处发挥了作用，那么对企业的长处认知就越来越清晰准确，企业的经营决策也将会因此而越来越客观有效。

通过持续强化"己之长"，通过每一个点滴进步的不断积累，通过在用户某一痛点问题上的持续深耕，企业能增强自信，赢得他人的信任，实现从量变到质变、从小亮点到大成功的突破，从而有机会步入"从心所欲而不逾矩"的"自由"境界。然而，这些小亮点很容易被忽略，大多数企业也因此与成功擦肩而过。

长处归因的好处倒是不难理解，难就难在长处的识别上。弗雷德蒙德·马利克在其所著的《战略：应对复杂新世界的导航仪》[⊜]一书中说：在制定公司战略时，你的首要任务就是集中精力确定公司的优势（长处）。另外，绝对不应该花钱请顾客来告诉你公司有哪些弱点，找弱点通常很容易，因为它们往往很显眼。同时，他也特别强调：确定一个组织的优势（长处）则要难得多。

⊖ 对业绩的迫切追求让我们把注意力都放在大亮点、大成功上，普遍缺乏积少成多的耐心。

⊜ 该书已由机械工业出版社出版。

正因为如此，我把外部顾客的"品牌认知"和企业内部对自身的"长处认知"视为制约企业成长的两大关键瓶颈⊖。企业只有对内外两个认知有清晰的认识，才能进行准确的归因。

我把"长处认知"理解为王阳明先生的"致良知"。有了客观正确的"长处认知"，企业就能像王阳明先生那样，"吾辈用功，只求日减，不求日增。减得一分人欲，便是复得一分天理，何等轻快洒脱，何等简易"⊜。我建议企业定期做认知盘点，做减法，检视企业是不是立足于自身的长处做决策。每个人同样也要定期做认知盘点，在自己的长处上发力，做个简单快活的人。

⊖ 我在《认知战：30秒讲好品牌故事》中把"品牌认知"视为企业最大的瓶颈，没有之一。如今我修正这个观点，"长处认知"作为内部瓶颈发挥更为本源性的作用，它决定了企业对外部"品牌认知"的理解。

⊜ 参见王阳明撰写，于自力、孔薇、杨骅骁注释，中州古籍出版社出版的《传习录》一书的第113页。

第二节　为何要在认知产品上做持续创新

在这个充满不确定性的时代，企业要通过自主创新来主动把握自己的命运，而不是被动地应对无法预测的竞争。"苟日新，日日新，又日新"被越来越多的企业视为经营信条。创新本身就是要做加法，但盲目地做加法创新，会导致熵增与无序。那么问题来了，应该在哪里做创新，在哪里做加法呢？

关于创新的若干认知误区

1. 误区一：创新就是填补企业产品线的空白

现实中，经营者习惯于把开发"人有我无"的产品视为一种创新，这是对创新的泛化理解。如前文所述，企业的这类创新仅仅是在形式上做了一些差异变动，但内容实质上却是雷同的，这种同质化的创新只是为了实现"人有我也要有"。"人无我有"才是真正的创新，但要做出"与众不同"的内容创新绝非易事。

2. 误区二：创新要无处不在，每个产品、每项功能都要有创新

真正的创新需要耗费大量的资源和试错成本。处处有创新、事事有创新只能存在于想象中。企业的知识和能力有限，企业能做出的有实质差异化的内容且能贡献独特价值的创新也是有限的。所以，企业要把握好自主创新与借鉴模仿之间的"度"。

3. 误区三：创新就是要颠覆，就要做出"核弹"式的革新

变革总是从微创新开始。

有的企业往往不切实际地追求"高大上"，想要做出举世震惊、颠覆性的创新。但除了基础技术创新外，在应用层面真正实现改变社会的创新无一不是从微创新、小创

新开始的。例如，乔布斯带领我们进入了移动互联时代，其实苹果手机并没有做出什么原创性的技术创新，它只是把人们业已发明的技术整合到一起，并做到了极致的简单。移动支付改变了整个商业形态，尽管发明支付宝的初心也只是为了解决淘宝平台的交易信用担保难题。

4. 误区四：创新意味着要有更长远的规划

经营者喜欢为新产品的应用构思出一个宏大的场景，早早地在头脑中设计出一个全新的大系统、大生态，并依此规划出近期、中期和远期目标，似乎市场尽在掌控之中。实际上，这样的大构思基本上只能体现在演示报告中，企业若是按想象中的设想规划过早地投入资源，往往就很容易因为难以获取预期的收益而陷入发展的困局。

真正取得巨大成功的创新是因为其把握了市场的"意外"。如今，优秀的企业更多地采用敏捷开发工具，通过"小步快跑，快速迭代"来实现创新。

任正非论"创新"一

我们只允许员工在主航道上发挥主观能动性与创造性，

不能盲目创新，发散了公司的投资与力量。非主航道的业务，还是要认真向成功的公司学习，坚持稳定可靠运行，保持合理有效、尽可能简单的管理体系。要防止盲目创新，四面八方都喊响创新，就是我们的葬歌。

——摘自 2013 年 10 月任正非在华为干部工作会议上的讲话

在我看来，认知产品就是企业的"主航道"，企业应聚焦资源和人力在"认知产品＋配套产品"上发挥主观能动性和创造性。

在"不变"上做创新

战略要建立在不变的事物上。如前所述，用户痛点不变，企业长处不变，企业战略就是将核心资源投入能放大自身长处并助力用户进步的永恒课题上，"以不变应万变"。

任正非论"创新"二

我们在创新过程中强调只做我们有优势的部分，别的部分我们应该更多地加强开放与合作，只有这样我们才可能构建真正的战略力量。

　　——摘自任正非在 2012 实验室座谈上的发言

　　既然认知产品体现了企业长处，同时又能解决用户痛点，那么企业战略就应该是持续地升级认知产品。用户痛点为认知产品的创新提供了取之不尽的素材和灵感，让企业的长处更长。认知产品的升级和用户的进步这两者的共生共长构成了企业真正的战略力量。

　　所以，"发扬企业长处＋助力用户进步"才是企业创新的核心内容。不做盲目创新，不做过度创新，在能力处创新，在能带来可预期的市场回报处进行创新，让企业的每一次创新都为品牌积累知识、锻炼人才。具体而言，在认知产品上做持续创新就能铸就企业长久的生命力。

　　像任正非这样的企业家为我们做出了创新表率，华为的创新实践也启发了我们对自主创新的深度认识。企业不能只是停留在形式感知层、应用功能层上创新，要进一步在基础理论层上进行原创性的创新。

第三节　如何升级认知产品

确立认知产品，只是企业转型升级迈出的第一步。

企业对"用户痛点"的理解建立在过去的经验和当下的认知水平上，同时对企业的"长处认知"也需要在长期的实践中不断地修正以求客观准确。这也意味着，企业很难把自己过去那套经验与做法直接复用到"认知产品"的创新与升级上。企业创新的本质是做"转型升级"，是企业在面对不确定的未来时的主动而为而非形势所迫下的被动选择。

认知产品的升级就是在做前人从未做过的事，没有参照，企业只能摸着石头过河，只能通过不断地试错更深刻地理解"用户进步"、理解"长处认知"。这就决定了"升级认知产品"本身就是一门大学问。即便他人总结了很多成功的经验，有很多的专家顾问出谋划策，企业也只能靠"转换性创造"活出自我，走出自己的创新之路。

从"创造性转换"到"转换性创造"

"创造性转换"一词的重心落在"转换"上。简单来说，我们从当下所处的状态 A 出发，要去一个有明确任务指向的目标 B，目标 B 通常参照我们心中向往的某个成功企业或成功人士当下所取得的成就来设定，我们期望从当下自身的状态 A 发展到以他人为参照的目标 B，这就是所谓的"创造性转换"。例如，当我们把"别人家的孩子"视为自家孩子的学习榜样时，我们就在试图让孩子做"创造性转换"。

经营者通常会以社会公认并追捧的某个"大成功"作为参照，根据历史经验和市场行情做出趋势判断，并结合自身对增长的要求，构思出一个明确的未来目标，比如三年进百强、业绩每年增长 30%、IPO 上市等，其实这就是在谋求做"创造性转换"。但是，这样设计的结果常常事与愿违。究其原因，主要有以下两个。

（1）每一个大成功都源于特定的历史条件下的"天

时、地利、人和"。换句话说，相对于"事不如意"是大概率事件，大成功则是幸存者偏差。我们无法把个体企业具有偶然性的大成功总结成一般性的商规，通过学习这些商规复制出另一个大成功。大家常常能看到，今天的成功者想要延续自己的成功也绝非易事，明天更大的成功也多停留在蓝图上。未来的不确定性，竞争格局的瞬息万变，让经营者常常无法通过设想中的未来目标来引导自己走向成功。

（2）我们从状态 A 出发，根本就到不了目标 B。在奔向目标 B 的过程中，即使我们刻意模仿目标 B 所要求的资源和行为，我们自身的有限知识和行为惯性仍然会让我们做出不同于他人的动作，走出不同的路。在异于他人的前行路上，市场其实已经向我们呈现了更适合自己成长的方向和机会 C，但要在既定目标 B 的遮蔽阴影下把机会 C 识别出来有一定的难度。要么起初的机会 C 看起来很小，跟目标 B 不在同一层次，常常被我们所忽视；要么我们已经把战略资源配置到目标 B 上，即使觉察到机会 C 更有潜力，也会因后备资源的缺乏眼睁睁地看着另有他人把机会 C 做大（见图 6-1）。回顾一下自己的创业史，类似的追悔莫及我们又有多少呢？

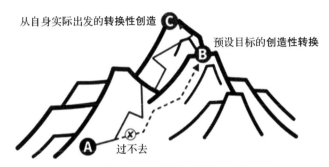

图 6-1 创造性转换与转换性创造的图示

资料来源：陈寿东。

在分析社会的转型和变革时，李泽厚强调要"转换性创造"，而不是"创造性转换"，企业的转型升级也同样如此。不要刻意地给自己设定一个明确的、以当下某个参照物为范式的未来目标，只需给出一个大致的方向就可以了，关键是在过程中的创造和创新，而不是做结果上的"转换"。企业的创新本身就在做"转换"，至于最后"转换"成什么样，只能根据市场的互动反馈去做"实事求是"的判断。任正非的"灰度理论"就是对此看法恰如其分的解读。

任正非论"灰度"

一个清晰的方向是在混沌中产生的，是从灰色中脱颖而出的，方向是随时间与空间而变的，它常常又会变得不清晰。并不是非白即黑、非此即彼。合理地掌握合适的灰度，是使各种影响发展的要素，在一段时间和谐，这种和谐的过程叫妥协，这种和谐的结果叫灰度。

——摘自 2009 年 1 月 15 日任正非在全球市场工作会议上的讲话

华为的灰度理论同时也强调了企业的变革不取决于外界力量的推动，不要刻意制定一个赶超他人的目标。企业要坚持走"相对保守"和"改良"的路线，通过不断完善自己，努力将工作做好，让目标自然达成。华为创新的灰度状态——在稳定中谋求创新，在创新中维持稳定，在稳定和创新之间保持平衡，是"转换性创造"的另一种表达。

总而言之，"创造性转换"是以他人为参照，以弥补差距为手段，以超越他人为目标。因为多以公认的"成功"（比如状元、首富）为目标，"创造性转换"就成了内卷的根源。而"转换性创造"则是以自身的现实为出发点，以发挥长处为手段，以实现自我超越、自我成长为目标。通俗地说，"转换性创造"可以简单地理解为"你打你的，我打我的"。

那么，如何用"转换性创造"思维来升级认知产品呢？

用"转换性创造"思维升级企业的创新思维

接下来，我们将从4个方面来谈谈如何用"转换性创造"思维来升级企业的创新思维。

1. 在已有知识上做创新

团队要在组织已有知识的传承上做创新，不要为了证明自己比前任更聪明而另起炉灶。

任正非论"创新"三

不要追求什么原创发明、自主创新，站在前人的肩膀上，做出成绩才是伟大的。

"原创发明""自主创新"这些名词在哲学上有局限性，

希望新员工有开放的心态，站在前人的肩膀上前进，哪怕只前进一毫米，也是功勋。如果总说从头做起，那是耗费公司投资，应该降级。

——摘自任正非 2017 年在新员工入职
培训座谈会上的讲话

2. 围绕用户痛点做创新

每个企业所擅长的领域不同，所能解决的用户痛点也不同，这就决定了企业各自的发展目标也不应是相同的。不同的企业可以找到不同的前进方向 C1、C2、C3……让"助力用户的持续进步"成为企业使命，痛点即使命。彼得·德鲁克讲过：管理就是界定企业的使命，并激励与组织人力资源去实现这个使命。界定使命是企业家的任务，而激励与组织人力资源是领导力的范畴，二者的结合就是管理。⊖

解决用户痛点——助力用户在某一特定领域的持续进步是没有天花板的，可作为企业永恒的追求，并成为企业坚定的信仰。企业在解决用户痛点路途上的每一小步，都

⊖ 引自机械工业出版社 2019 年出版的彼得·德鲁克的《管理：使命、责任、实践（使命篇）》一书。

是前所未有的创新，是社会乃至人类进步的一大步。

　　企业经营的任务目标统一到解决用户痛点上，有利于各部门独立自主地高效决策，能大大降低决策成本，与此同时也可以大幅降低内部交易成本，简化运营管理，这就是"力出一孔"。

　　企业经营的任务目标统一到解决用户痛点上，有利于内部凝聚团队人心，外部整合社会资源。得道者多助，"人和"是企业生存与发展的强大支撑。

　　如今人们越来越关注企业的社会责任，关注企业的"三次分配"。如果每个企业都把超额利润投入解决用户痛点的事业中，是否会比通过做慈善公益促进共同富裕更为有效呢？

3. 在样板市场做创新

　　企业的生存与发展首先要立足于"先为不可胜"，即打造一个竞争对手无法夺走的样板市场。样板市场是品牌的立足之地，也是出击拓展的出发点。

　　"样板市场"首先是一个心智概念，在顾客心智中占据一个品牌认知（概念）；同时它又是一个市场概念，既包含了企业主导某个区域性市场、占据最大市场份额的地理概念，又包含了企业拥有的一类具有相同消费特征的源点用户的群体概念。

在样板市场，不仅有提出更高要求的源点用户，而且也有不同需求层次的顾客群体，这群用户可以用来测试并培养认知产品的不同消费情境。基于源点用户对品牌的信任，从新需求的提出、产品原型的测试、业务模式的探索到组织人才的培养，样板市场能为品牌的创新提供友好的试错机会和良好的发展环境。

4. 发动广大用户做创新

创新不只是来自少数高管在办公室里冥思苦想做创意构思，更是来自团队成员对一线真实消费情境中的用户体验的洞察。为啥这样干？为何这样干？只有把一线员工的感性直觉实践和高层管理者的理性认识结合起来，才能实现"知行合一"，让创新不只是停留在对市场的臆测上，而是能真正落到实处。

在企业内部，信息公开透明是激发员工创新的基本保障。企业需要打破部门壁垒，消除分工界限，鼓励跨界融合和跨界创新。大家围绕同一个任务目标展开互动交流，像任正非一样鼓励团队主动去与跨界的人喝咖啡，多喝咖啡。不同学科、不同观念的交叉碰撞，会产生大量非同凡响的新想法。正如美第奇家族赞助艺术家、思想家、科学家、诗人汇聚佛罗伦萨一样，最终打开了西方"文艺复兴"的大门。

要围绕用户痛点做创新。用户痛点的定义是要实现用户的"自我超越""自我否定"。企业只有不断地"自我否定"，才有长久的生命力。

在认知产品的持续创新上打造企业的核心能力，积累组织独一无二的知识，配以干部梯队培养的机制，企业就有了将组织能力迁移到新的业务领域的良好基础。

第四节　品牌拓界有何原则

聚焦并升级认知产品并不意味着企业不能开发配套产品和周边产品，有序的多元化开发也是必要的。企业要避免在错误的时间，以错误的方式进入错误的业务领域。下面，我以"痛点品类"的视角梳理界定品牌的业务拓界所需要遵循的三大原则。

品牌拓界原则一：主导原则

再重复一遍，在企业引入新产品、拓展新业务之前，首先要看品牌有没有占据一个扎实的心智大本营，也就是说现有的某个业务是否在所属的细分领域占据了心智主导地位，品牌是否占据了一个清晰明确的概念，如万唯占据了"中考"这一概念，格力占据了"空调"这一概念。

只有在主导了顾客心智的局部市场，品牌才拥有定价、管控渠道和规范市场的权力，才有了对手不能轻易踏足的护城河，这就是"先立于不败之地"。有了样板市场才能考虑拓展市场边界。

企业在想要"＋"新产品时，可以试着问自己三个问题。

第一问：认知产品是否已实现心智主导？

第二问：认知产品的升级空间还有多大？

第三问：将资源聚焦在认知产品上是否能获得更快的增长？

品牌拓界原则二：信任原则

没有认知，品牌就得不到顾客的关注；没有信任，品牌就难以获得顾客的选择。在自由的市场环境下，人们对消费一个新品牌或老品牌推出的新产品都会有一定的担忧。

那么，新产品如何赢得市场的信任呢？很显然，只有真正解决顾客问题的产品才能赢得市场的信任。企业在开发新产品时，不要只盯着这个产品能给企业带来多少收益，而是要问这个新产品要解决顾客什么问题，能不能做到比竞品更好地解决顾客的问题。这个需要解决的问题仍然不能跨越认知产品所代表的"痛点品类"的范畴，因为如果我们的创新超出了顾客的既有认知，那么顾客通常会对此产生怀疑。

如果只是从把握市场机会的可能性上来做品牌拓界，缺乏信任背书的话，这无疑就是一场赌博。在新进入的市场上，竞争的残酷性或将远远超出我们的想象，缺少新领域所需的知识也将让企业付出意料之外的学费和代价。

品牌拓界原则三：英雄原则

如果企业基于主导原则和信任原则去发展新产品/新业务的话，品牌的拓界就只是有了"逻辑的可能性"。要把这个"逻辑的可能性"变成"现实的可能性"，就不能只考虑"事"的逻辑合理性，还要把精力放在"人"的逻辑合理性上。"人"才是事业成败的决定性因素。

在被问及腾讯当初为何要将电商业务交给京东时，京东创始人讲了这么一个故事：2013年创始人去美国留学8个月，腾讯趁机组织资源发力电商业务，试图利用自己巨大的流量优势做大电商业务这块蛋糕。结果反倒是腾讯电商与京东的差距越来越大了，从投入产出比来看腾讯的投资很不划算。最后，腾讯发现投资京东合作共赢是更为有效的方式。

这个故事让我们看到，"谁来做"要比"事该不该做"（做正确的事）和"事怎么做"（正确地做事）更为关键。企业可以借助资源实力和资本力量迅速拓展新的业务领域，但无法简单拷贝新业务所需的知识和人才。解决顾客痛点问题需要的是新知识，需要的是解决未知问题的能力。即使有如马斯克"天才"般的能力，要同时把电动汽车、火箭、移民火星等"既烧脑又烧钱"的项目做好，也是非常困难的。

一般来说，经营者的新战略都有其合理性，其中"万事俱备，只欠东风"的"东风"便是操盘新业务的人，我称之为"战术英雄"。

经营者要把"战术英雄"作为企业的终极产品来孵化、培养。"战术英雄"的能力在哪里，品牌的边界就在哪里，这才是品牌拓界的底层逻辑。下一章我们将重点讨论"人"的因素。

小结

- 长处归因才能让企业获得真正的成长。
- 用"转换性创造"思维来升级创新思维。
- 主导原则、信任原则、英雄原则是品牌拓界的三原则。

第七章

谁来负责认知产品

本章三问

第一问：量化考核如何落实到人

第二问：谁能负责认知产品

第三问：企业最重要的产品是什么

试着先写下您的思考与理解：

_____

_____

_____

工业时代的流程、目标和质量等管理需求产生了许多有效的、先进的管理理论和工具，但在以"知识创造"为价值的知识时代，它们就显得有些水土不服了。如果经营者不把企业经营的重心放到"人的成长"这一本质任务上，如德鲁克那样关注知识工作者的成长，那么再多的"就事论事"的管理工具通常也只能解决企业的表层问题。经营者使用新的工具方法会带来新的问题，出现新的问题又去找另一种新的解决方法，于是"按下葫芦浮起瓢"式的问题层出不穷，而真正的问题却始终得不到关注。

"人是目的"这一概念不应该只是停留在哲学的层面上，我们应将其纳入企业经营和战略的决策中，以纠正管理者只是把"人"视作一种资源供给而导致"人为物役"的片面看法。经营者应该把"天地人"等量齐观的东方智慧落到企业内部，以此促进企业的和谐发展。

第一节　量化考核如何落实到人

无法量化的考核就意味着无法有效地管理。现实中，大部分的考核指标都是围绕着绩效来设计的，不管是总量考核，还是关键绩效指标（key performance indicator，KPI）考核或者目标与关键成果法（objectives and key results，OKR）考核，管理者普遍关注的还是业务本身。

彼得·德鲁克认为，企业并不是有了工作才有目标，而是有了目标才能确定每个人的工作，他首次在《管理的实践》一书中提出"目标管理"这个划时代的理念。常规的企业管理模式通常是首先确定战略目标，然后自上而下层层分解到部门、业务单元、小组乃至个人⊖头上，在阶

⊖　现在越来越多的企业采用"团队绩效"来取代"个人绩效"。

段执行中监督检查并持续改进以推动目标的达成。"种瓜得瓜，种豆得豆"，企业制定什么样的"目标"就决定了它能获得什么样的成果。

从总量考核开始

正如大家经常用国民生产总值来衡量整体经济发展的水平一样，企业通常用营业收入总量来衡量企业的总体实力。以总量为考核目标很简单，但它过于粗放，会带来诸多问题。

业绩考核的压力会让团队成员"趋利避害"，很多人会选择把精力投入容易产生销量且具有流量的产品上，由此催生团队的短期行为。索尼公司前常务董事土井利忠[⊖]在《绩效主义毁了索尼》一文中指出："为了完成业绩考核，几乎所有的人都只提出容易实现的低目标。"若是把总量考核当成最为核心乃至唯一目标的话，企业的经营就会逐渐重市场营销轻产品研发、重跟风模仿轻自主原创、重低

　⊖　土井利忠，索尼公司前常务理事，用笔名"天外伺郎"在日本 2007年 1 月刊《文艺春秋》发表《绩效主义毁了索尼》一文，译文发表于《中国企业家》。

价促销轻品质升级、重渠道压货轻终端动销、重外部招募轻内部培养、重资本运作轻实体经营。IBM 的前 CEO 郭士纳曾说"只做你检查的工作，不做你希望的工作"便是"上有政策，下有对策"的真实写照。

总量考核有可能会导致企业整体运营水平低下，也会使企业逐渐失去核心竞争力。有不少"大而不强"的企业，它们因为缺乏核心竞争力，走上了靠规模吸引更多贷款，又用债务来催生更高的杠杆的发展模式。如果经济处于下行周期，这样的企业往往就会像多米诺骨牌那样一推就倒。

企业的规模与寿命之间往往存在着某种负相关关系。正如大自然中体型越大的生物越难适应生存环境的改变一样，大体量的企业普遍生命周期不长，而小型的"专精特新"企业反倒容易成为具有生命力的隐形冠军。

从 KPI 到 OKR

经营者往往也意识到不能把业绩增长当成唯一"目标"，要把更多的任务（客户满意、员工积极性、股东盈利等）纳入考核体系，并根据企业的阶段性任务提出 KPI

工具，以解决管理"精细化"的课题，但选择哪些指标作为"关键性"指标并不容易。人们习惯于将关键指标按不同的维度进行细分研究，比如业绩、任务、行为和能力四要素。罗伯特·卡普兰教授发明平衡计分卡，用财务、客户、内部运营和学习与成长四项指标来寻求财务与非财务、短期与长期、滞后与引领、外部绩效与内部绩效之间的平衡。

因为财务指标只能衡量过去发生的（滞后的）结果性因素，而无法评估企业前瞻性的（引领的）驱动因素，于是经营者缩短考核周期，期望通过过程干预来实现更为科学的目标／计划管理，其中基于全面质量管理提出的PDCA 循环⊖（见图 7-1）被广泛应用于过程控制。尽管包括 PDCA 循环在内的复盘总结也会分析"做对了什么"，但是现实结果与挑战性目标之间的差距会自然地把企业的注意力吸引到"做错了什么"上。

⊖ PDCA 循环首先由美国质量管理专家沃特·阿曼德·休哈特提出，经戴明在日本企业中推广应用，获得普及，后称"戴明环"。

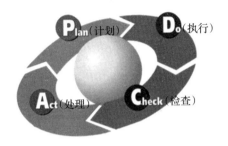

图 7-1 基于全面质量管理的 PDCA 循环图

丹尼尔·卡尼曼[一]用前景理论[二]解释了"损失规避"的现象：人们对损失和获得的敏感度不同，损失带来的痛苦要大大超过同等收益给予的快乐。据此理论，我们不难理解，因为"做错了什么"导致与预期目标有不小的差距，由此产生的痛苦就掩盖了"做对了什么"带来的快乐。于是，我们总是盯着"做错了什么"，陷入这种问题思维中不能自拔。这种问题思维[三]的后果就是领导总在挑毛病，

　[一] 丹尼尔·卡尼曼，因前景理论获得 2002 年诺贝尔经济学奖，著有《思考，快与慢》《噪声：人类判断的缺陷》。

　[二] 前景理论也称展望理论，是由丹尼尔·卡尼曼和阿莫斯·特沃斯基共同提出的，前景理论从实证研究出发，从人的心理特质、行为特征揭示了影响选择行为的非理性心理因素，被认为是行为经济学的重大成果之一。

　[三] 认知盘点是用亮点思维，即从历史的成功中找到解决问题的方法，而不是从问题本身出发来寻找解决问题的出路。

总是在要求发现不足、做出改进，团队成员也会因为缺乏获得感的激励而趋于保守，企业很难激活团队成员的自驱力和创造性。

先进的 KPI 工具对企业管理水平的提升有一定的价值，但它仍然未能解决企业可持续发展的难题。《绩效主义毁了索尼》一文中指出：绩效主义企图把人的能力量化，以此做出客观、公正的评价，但事实上做不到。它的最大弊端是搞坏了公司内的气氛。是绩效主义使得"激情集团"消失了，是绩效主义使得"挑战精神"消失了，是绩效主义，使得团队精神消失了。实行绩效主义，上司不把部下当有感情的人看待，而是一切都看指标、用评价的目光审视部下。

KPI 工具旨在通过控制"人"的行为实现目标成果，把"人"当成需要不断激励的工具来使用。于是，人们又开发出了 OKR[⊖]。OKR 在关注"过程"的同时，也关注到了"人"的成长进步，其精髓在于试图鼓励员工自我突破，积极挑战更高的"目标"。

⊖ OKR 这一工具由英特尔公司的安迪·格拉夫首次提出并推行，它在谷歌得到成熟的运用。

从单一的总量考核，到强调控制的 KPI，再到强调自我成长的 OKR，或许在未来企业还会运用某些更先进的工具，这些都表明，管理者越来越深刻地认识到，不管设定什么样的"目标"，也不管采取何种方式和手段，要实现"目标"就必须要重视"人"的主观能动性，否则管理就很容易流于形式。

土井利忠指出"绩效主义企图把人的能力量化"，那么"人"是否可以按照某类标准进行量化以实现更为有效的"管理"呢？

"人"的哪些部分是不可量化的

按照传统的管理理念，"人"是可以被量化的。人们设计了岗位职责和能力模型，用"精准选人"来招募，用"360 测评"来打分，用"人才盘点"㊀来评估人力资源工作是否符合预期，用"薪酬股权"来论功行赏……大家普遍认为，管理的有效性本质上取决于"人"的精准量化评

㊀　阿里巴巴对"人才盘点"有这样的解读：我们公司越来越大，桌子、椅子这种资产每年盘一遍，为什么我们不对人盘一遍？人也是集团的资产，所以每年要盘一下，就是要看一看，到底人有没有增值。

价和衡量。如今，人力资源管理越来越受重视，越来越多的管理工具被开发出来，工具也越来越复杂，这本身就说明："人"是并不能够完全被量化的。那么，"人"的哪些部分是不可量化的呢？搞清楚这个问题，我们才有可能避免陷入"有问题开发新工具，新工具带来新问题"的窘境，让企业的管理回归简单。

"人"的哪些部分是不可量化的呢？我尝试用"非理性""创造性"和"成长性"这三个概念来对其进行解读。

1."非理性"的不可量化

"理性的经济人"是经济学中的一个基本假设，假定人都是利己的，在面临两种以上的选择时，总会选择对自己更为有利的方案，以最小的经济成本实现效用的最大化。事实上，"有限理性"才是符合客观实际的。正如前文所述，丹尼尔·卡尼曼用"趋利避害"解读人的"非理性"。比如在需要做取舍决策时，因为前期投入了沉没成本，对"损失的恐惧"会导致人们继续选择做无效投入，这就是典型的"非理性"行为。

企业员工的认知水平和能力各不相同，动机和利益

追求千差万别，对企业和外部市场资讯的了解也各有局限
（信息不对称），少有人能站在经营者的全局视角上"理性"
地理解企业战略。很多时候，个体所做出的符合自身/局
部"理性"的利己决策，通常会影响企业整体的利益。

人是"有限理性"的，"非理性"的不可量化或许是
实现有效管理的困难所在。

2."创造性"的不可量化

管理者希望能激励团队成员挑战更高的目标。要达成
"挑战性"的目标就必须激发团队的创造力，企业要实现
可持续的差异化生存这一"目标"，也需要强大的创造力。

真正的创造性活动都是由个体完成的。李泽厚在《人
类学历史本体论（中卷）·认识论纲要》中指出，由个体
承担的偶然性，便极具个别性、差异性、独特性、具体性
和多元性，成为实践操作活动中和认识思维领域中创造性
的真正源泉和动力。[一]也就是说，创造性本质上来源于偶
然性、意外性，自然无法做出规范的量化。

[一] 引自人民文学出版社 2020 年出版的李泽厚的《人类学历史本体论
（中卷）·认识论纲要》一书的第 78 页。

既然"创造性"不能被量化，那就进一步说明"人"无法被全面考核管理。即便是再先进的管理工具，也只是让企业在可以标准化的常规动作上有所精进，比如降低成本、提升品质、提高效率等，但要以此取得更大的竞争优势是十分困难的，除非对手们不想进步或者都在犯错。有人认为，团队成员的自我突破依赖于其"创造性"，所以KPI工具适合用于考核成熟的业务，OKR工具适合用于考核创新的业务。

3."成长性"的不可量化

企业的成长性取决于人的成长，首先取决于经营者自身的成长。卓越的经营者无法通过标准的机制培养出来，企业也没有标准的模板加以复制，经营者只能在各自的实践中探索出符合自身特性禀赋的成长方式。干部的培养同样无法参照一个可量化的模式。尽管企业为不同的岗位设置了相应的标准，据此提拔的干部可以按部就班地执行企业标准的管理，但现实中，凭借这种标准机制，企业很难培养出能率领团队取得突破性成长的业务骨干。

每个人的成长路径是无法预先设定的。个人禀赋擅长不同，价值取向不同，学识经历不同，格局境界不同，即使做同样的事情，从实践中习得的"决定判断力"和"反思判断力"也各不相同。至于个人能否把握"意外"的时机获得突破性的成长更是无法预测的。

谁拥有更高的成长性，谁就具有更强的竞争优势。企业可持续成长的关键因素是"人"的高成长性。企业很难通过"精准选人"招募到更优秀的人才来实现"人"的高成长性。[一]经营者更多的是从忠实的追随者中发掘具备高"创新性"的人才，通过赋能这些"关键少数"来带动身边人的互助进步，以此来获得组织的高成长性。

既然"人"有不可量化的部分，那么用"管理"[二]一词就不太精准了，因为我们管理不了"非理性""创造性"，也管理不了"成长性"。经营者开始意识到对于"人"的"管理"而言，更合理的方式就是"赋能"，用品牌、企业

[一] 假如我们能花高薪聘请高水平的外来人才，我们的对手同样也可以这样做，靠外部输入"人才"的方式除了抬高行业的用人成本之外，本质上对提升企业的成长性并没多大的帮助。外来"人才"要融入企业有多重困难，越是"精英"就越难融入。"硅谷创业之父"保罗·格雷厄姆洞察到改变世界的并不是那些因为担心英名不再而不敢冒险的现有"精英"，而是光着脚的"边缘人"。

[二] 也有企业开始用"赋能""托起"来指代"管理"。

积累的知识和组织平台来赋能"人的成长"。

因此，这里我们不妨提出一个全新的看法：把"人的成长"视作企业的核心甚至唯一的"目标"。这是不是就能跳出传统管理思维中把"人"视作实现业绩目标的工具但这样的"工具人"始终难以管控的困局呢？这样的考核模式是否可以让企业的经营走向真正的"简化"呢？

第二节　谁能负责认知产品

随着企业的产品和经营的业务越来越多元，谁来负责认知产品就成了经营者不得不思考的问题。

谁在负责产品

企业围绕着产品组织经营活动，从产品研发、市场营销、渠道拓展、终端维护、消费体验到产业链上下游整合，每个职能部门都承担着不同的职责和任务。在创业的早期，经营者通过亲力亲为的实践积累自己的产品经营和市场营销知识，由分工协作的专业团队配合执行经营者的各项决策。但随着企业的规模越来越大，经营者逐渐从具体的产品运营事务中抽离出来，把更多的精力投放到品牌战略、资源整合、资本运作等其他被认为更为重要的事务上，授权团队成员来负责产品便成为经营者的必然选择。

虽然团队成员的认知能力多有不同，考核目标和利益追求也不一致，但每个参与者都希望能在产品/业务上留下自己的印记，以证明自身的价值。于是，企业中会出现诸多权力纷争。由于经营者逐渐远离市场一线，获取的市场信息通常来自各部门的"二手""三手"乃至"四手"的汇报，仅靠经营者的历史经验来做产品经营决策就变得十分困难。团队内部要在产品上达成"共识"也越来越难。

试图包容多方不同意见的产品决策只会让开发的新产品更加平庸，缺乏"共识"的执行也会让团队犹疑不前、躲避风险，若是再少了资源的持续投入，开发的新产品多数会在争吵推责中陷入失利的困局。然而，传统的职能分工架构，决定了团队中最终也无人能对产品业绩负上全局的责任。如果每个人只是对局部"负责"，就谈不上谁在真正地"负责"产品了。

西格蒙德·弗洛伊德用心理学分析了人们的归因逻辑：人总是倾向于从自己的生活经历中寻找外部现象的答案。所以，在需要承担责任的时候，人们往往会以互相推责来应对。用职能分工的理由向外推责很容易，但是若不能从全局来认识、理解事物，那么对自身的认知成长就没有太多的帮助。有多少人忙碌一辈子，认知水平仍然停留在相对低的层次，困囿于自己有限的经验、有限的实践中。如果个体的认知能力得不到升级和突破，就算团队成员有对产品"负责"的良好愿望，也容易好心办坏事。

能对产品负责的人具备哪些特质

如果我们把经营者早期亲力亲为的经营实践进行亮点复盘，就不难发现真正能对产品"负责"的人需要具备以下特质。

1. 具有全局思维

对产品"负责"的人能像经营者一样站在全局的角度看待从创意研发、传播推广、渠道销售到用户体验整个产品链条，能客观地认识自己的专业性分工在整个流程中的价值，能跳出自己的专业局限，站在更高维度来理解企业乃至行业的整体经营。"一专多能"才是我们所追求的专业素养，专业有深度和高度，思维也要有宽度，而不能像马克·吐温所言：手拿锤子的人看什么都是钉子（To a man with a hammer, everything looks like a nail）。

2. 具有利他思维

对产品"负责"的人能快速切换到用户视角，切换到用户的真实使用情境，从中理解产品在解决用户问题过程中的"利他"价值，并能客观评估企业产品相较于其他替代产品的比较优势。这里，我们所说的"利他思维"指的是利产品用户之心。有所成就的经营者都有利他之心，只是相较于产品用户能给自己带来的盈利价值而言，品牌溢价和资本杠杆所带来的财富价值通常更为诱人，于是大部分人的"利他"之心通常给了能为自己快速创造财富的那一群人。这种"利他"价值的转换，本质上仍然是"利己思维"在起作用。

企业的规模越大，经营者就越容易把创业早期的"利他"思维换成"利己"思维，越来越关注如何用市场话语权让企业快速做大，越来越关注市场份额的争夺和企业的行业地位，越来越关注新的投资机会，越来越关注资本的杠杆运用给企业创造的财富大梦。"硅谷悖论"[⊖]通常就是这种现象的一个典型的写照。

早期的成功会为企业带来品牌光环，很多企业仍然能在相当长的时间内保持快速发展的势头，特别是有了社会资本的助力和社会舆论的吹捧后。但如果经营者逐渐因此而远离了对产品用户的利他之心，那么其品牌就会逐渐失去拢聚人心的力量。

3. 具有亮点思维

现实中，人们习惯于直接从问题入手来寻求答案。人们经常根据事物的表象症结提出问题，很难继续挖掘，从事物的本源上提出问题。一个表象问题的解决并不意味着问题会得到彻底的解决，新的表象问题又会随之而来。问题之所以产生本质上是因为企业缺乏相应的知识和能力，于是这种"头痛医头，脚痛医脚"的解决方式实际上就是在不停地缝补企业自身的短板，这种做法不仅效率低下，

⊖ "硅谷悖论"指的是在硅谷这个特殊的区域环境中，每个人都充满了创新精神，一旦他们创业成功并取得巨额财富，他们身上所承载的企业家精神就熄灭了，所打造的企业也逃脱不了官僚主义的大企业病，企业也会因为这种精神的失去而落入平庸。

还容易挫伤团队成员的积极性。

我们经常能看到，不称职的管理者总是在挑人毛病，指责他人，看谁都不顺眼。相反，优秀的管理者因为有了亮点思维，总是能从他人眼中的困局中发现亮点，从亮点入手找出解决问题的突破口。优秀的管理者也因为具有全局视角，不会拘泥于自己的专业领域，他们能从多维度（特别是用户视角）思考问题，不仅能在"事"中寻找解决问题的亮点，更能在"人"上发掘他人的亮点。

4. 具有支点思维

抓大放小，剖析主要矛盾，解决关键问题，才能让有限的资源发挥更大的效用。用自己的长处解决问题是一种支点思维，聚焦认知产品的研发升级和品牌传播，聚焦源点用户的开发培育和互助成长，聚焦样板市场探索创新模式和人才培育，聚焦战术英雄重点培养"关键少数"的骨干，等等，都是支点思维。具备支点思维的人才能真正了解产品，才能对产品负责，对客户负责，对市场负责。

5. 具有"他知"思维

通过个体实践获得的"我知"是很有限的。经营者在试图用自己的"我知"解决团队成员面临的新课题时，往往容易错失一个更为智慧、更为高效的解决途径——群策群力，用员工的"他知"解决员工的问题。然而，越是有过成功经历的人，越容易陷入"我执"，把"我知"当成普遍真理，以"我知"为基准参照，认为他人总有这样那样的短板与不足。

他人的群体实践中有比"我知"更为丰富的有效知识，只是尚未被发现。高手在民间，善于汲取员工智慧解决问题，走员工路线才是企业成功的秘诀和法宝。

6. 善于自我归因

遇到阻力和困难，多数人习惯把责任归于身外，抱怨客户，抱怨下属，抱怨领导，抱怨环境。但成功者总是从自己身上找原因，行有不得反求诸己，自己还有哪些没做好、没做到位？是不是没有解决对方真正的问题？再换一种方法试试如何？自我归因者总能突破自我设限，激发更大的创造力，同时也能促进自身的快速成长。

7. 乐于自我革新

解决用户痛点是经营者自我革新的外在需求，而不甘于舒适区的平庸、不断自我超越则是经营者的内在动力。用盘点"他知"高效解决问题并拓展更新"我知"便是实现自我革新和自我超越的有效方法。

上述 7 种特质堪称"完美"，具备这 7 种特质的人具备彼得·德鲁克所提出的"企业家精神"，它们也是我提出的"战术英雄"的核心素养。

经营者是企业最大的战术英雄，认知产品又是企业最重要的产品，那么是不是要由经营者来负责认知产品呢？答案是肯定的。

经营者负责认知产品

在"认知 + 配套 + 周边"的产品结构中，认知产品关系到企业的生存和可持续发展，承载着企业的认知战略：建立品牌差异化认知，通过解决用户痛点来创造顾客、获取利润，并支撑企业拓展多元业务，是企业最为核心的灵魂。企业的可持续发展依赖于"认知产品"，KPI 或 OKR 的设计都应瞄准"认知产品"的成长。

经营者的注意力在哪里，企业的成果就在哪里，由经营者负责认知产品也是理所当然的。在前面，我们分析了认知产品的主要任务，认知产品承载着品牌认知的构建、源点用户的培育、产业生态的打造等诸多重任，这一节我们将立足于认知产品来谈谈经营者应该如何进行企业人才梯队的培养。

经营者不应该把认知产品简单地理解为企业产品线中业绩贡献比较大的一个产品。现实中，有的人并不认为一个认知产品能承载企业的大梦想。经营者似乎更愿意把大量精力投入新业务和新产品的开发上。究其根源，我认为是他们并没有真正理解认知产品本身所具有的独特价值。

这里我们先来回顾一下前面所提到的三个核心概念：

认知产品 = 描述品牌差异化概念的具象产品

差异化概念 = 解决用户痛点 + 发挥企业长处 + 扩大竞争优势

用户痛点 = 用户持续进步的个性需求

通过对这三个核心概念的回顾，我们将认知产品重新定义为：

认知产品 = 描述品牌差异化概念、助力用户持续进步的产品

用户的持续进步没有天花板，这也就决定了认知产品的成长空间同样没有天花板。若是没有认识到这一点，企业就容易低估认知产品的市场潜力，而把业绩增长寄托在其他具有更大市场规模的行业或新兴热门的行业上。

我们认为经营者立足于助力用户持续进步，围绕认知产品的升级创新才是做大做强企业的最佳方式。

第三节　企业最重要的产品是什么

据说小米创始人雷军有这么一个小故事。刚创立的小米公司开发了一款小米司机 app，经过一年多的努力，软件还是漏洞百出，团队非常沮丧，士气低落。雷军却开心地说，通过这个项目我们磨合了团队，摸清了研发产品、管理企业的规律，团队形成了凝聚力。接下来，我们要做大事业了……不论这是不是雷军宽慰团队的说辞，但它启发我们思考"人与事"之间的辩证关系：用"人"成就"事"，还是以"事"成就"人"？

用"人"成就"事"

人们普遍认为，企业应先确定品牌/企业战略，也就是"做正确的事"，然后为此匹配相应的战术，或称之为

"正确地做事"。在决策"做正确的事"时，企业通常是从市场机会、竞争优劣、行业趋势等维度来做研判考量，如迈克尔·波特提出了五力分析模型，似乎经营者只要把外部的事情搞明白了，确定好了竞争战略，剩下的就是"找人做事"了。

阅人无数的经营者慧眼识珠，用人才评测表"精准选人"，搭建一个执行战略的团队，这好像不难。搭好团队后，企业把他们按流水线职能分工放到一个个岗位上，叮嘱他们要"正确地做事"。不论战术与战略孰先孰后，又具有什么样的辩证逻辑⊖，总之大多数经营者都认为要"先事后人，用人成事"。

定好战略，搭好班子，接下来企业就要接受"不如意事常八九"的现实了。从一个绝妙创意的激动，到风风火火搭台唱戏的热切，再到零零落落少数观众捧场的沮丧，过山车般的起伏在不断地轮回上演。在这个不甘言败的过程中，经营者经常会尝试参考借鉴他人的成功范式并学习运用先进的管理工具，但落实在企业的实践上却总是学了

⊖　杰克·特劳特在《营销革命》中提出"战术驱动战略"。受其启发，我开发了战术盘点工具并提出"支点战术就是战略支点"。

其形但不得其法。

回头想想，究竟是经营者没弄明白"做正确的事"，还是团队成员把"正确地做事"搞砸了？似乎每位入局者都能为自己找到许多辩护的理由。人们更多的是在有没有"正确地做事"上做复盘反省，但总要有"人"为此担责。企业若是频繁换将换人却依然难以摆脱不如意的窘境，等到再回头审视"做正确的事"时，团队成员的热情已被消磨，企业也因此而错失了发展的良机。

"事"上要取得成功，天时、地利、人和三要素一个也不能少。阻碍企业"事成"的因素很多，创业成功有很大的偶然性，用"人"成就"事"通常是一个小概率事件。战略要建立在不变的事物之上，经营者要深入地思考，在这个不确定、不可测的时代，企业应当如何去经营确定性和必然性。经营者不能在"偶然性"中不断试错碰运气，要在"必然性"中积累知识，把小概率事件变成大概率事件。

以"事"成就"人"

传统的西方管理理论是按大工业化生产的要求，建立在把"人"等同于资本、土地、技术等要素的"物"的逻辑上的，因此不可避免地导致了人的"物化"。正如前文所说，因为"人"的复杂性和不确定性，对于三个不可量化的部分（非理性、创造性、成长性）无法做到"有效"的管理，特别是在需要通过知识创新才能赢取竞争的领域。

既然"人成就事"有其偶然性，我们何不转换为"事成就人"的思维模式呢？用"事成就人"来做战略考量，不是先看外面的机会是什么（"事"），而是先看自己有什么样的"人"，有什么样的能力优势就去把握什么样的机会（"事"），这个思考本身并不新鲜，如柳传志就曾强调"搭班子，定战略，带队伍"的逻辑顺序。"事成就人"的核心要旨是要把"人的成长"而不是"事上成功"视作终极目标。

这样的"事成就人"就有了"必然性"。因为不管事成还是事败，我们总能通过"事"上的实践获得经验和知识，"人的成长"也就是必然的了。在我看来"事成就人"容易被大家忽视的原因有三个：一是大多数经营者在创业早期积累的是做事的成功经验，把"人的成长"视作"事上成功"的副产品，且在队伍培养上尚未有系统的总结；二是没能清晰地认识到团队成长与自身成长之间相互促进、相互成就的关系；三是虽然我们也相信"人的成长"在未来会带来更大的"事上成功"，但只有当下的"事上成功"让企业有了生存的基础，权衡之下把"事上成功"放在首位也就成了大多数人的选择。

经营者要以"事成就人"作为价值判断的标准。首先"谁来做"就要比"事该不该做"（做正确的事）和"事怎么做"（正确地做事）更为关键和重要。认识"人"要先于理解"事"，发掘战术英雄就成了企业经营的首要任务。经营者要根据战术英雄的特质与擅长安排恰当的"事"（因人设事），为战术英雄量身定制个人的成长路径。其次，经营者要放下"事上成功"的预期，理解现实中的"事多不如意"，将 KPI 转移到"人的成长"上，如战术英雄经过事的磨炼有何收获和成长，其服务的用户又有什么收获和成长，等等。我有限的实践体会是，把工作重心放在"人的成长"上反倒更容易从亮点中找到通往成功的钥匙。

事实上，"人的成长"与"事上成功"并不是非此即彼的二元选择，它们是互为表里、互为支撑的关系，是一个硬币的两面。从"事"的亮点中理解"人"的长处，从聚焦"人"的长处上找到"事"的发力方向，这也是我所提出的认知盘点的核心要旨。[⊖]明白这个道理，企业也就找到了把品牌定位的"逻辑可能性"落地为"现实可能性"的关键，其研究的重心会放在如何通过"事"的解决来促进人的成长上，而不再像以前那样只是局限在"事"的"逻辑可能性"上。于是，我与客户的互动主题就有了这样的变化：

- 早期："事"要不要做？该怎么做？
- 追加："谁"来做这件"事"？
- 如今：打算用此"事"培养"谁"？何"事"对他更合适？

经营者如何成就"人"

遵照"二八定律"，经营者 80% 的精力应该放在认知产品上。立足于认知产品，企业可以衍生出组织知识升级、人才梯队接力培养、打造创业平台以及孵化第二曲线

⊖　人们习惯把精力放在"事"的问题上而不是亮点上，放在"人"的短板上而不是长处上，故而"事"多有不成，"人"多有不立。

等一系列功课和任务。

但现实情况是，经营者总是感到时间不够用，总在忙忙碌碌却成效不大。时间去哪儿了呢？我认为，多数经营者的时间并没有用在关键——培养干部上，而是用在四处寻找新机会上，用在给团队灭火上。如果经营者花费了心血，投入了大量的资源，但寄予厚望的新业务不能取得理想的成果，那么频繁换将就会成为其常用的问责方式。经营者的精力和能力总是有限的，他们或许最终就会成为企业成长的瓶颈和天花板。

立足于实践论的"实践出真知"和"我知"的定义，围绕认知产品我提出了"组织成长"三阶模型，尝试梳理出组织知识的成长逻辑。

（1）第一阶成长：从经营者的历史成就中盘点整理出成体系化的知识，架构企业独特的经营理论。[○]将经营者的"我知"体系化、理论化便是一次认知升级。传统的经验传授只是让人知"其然"，未必能让人知"其所以然"，或者说经营者自己很多时候也没能弄清楚"其所以

○ 每个企业都有自己独特的经营知识。它首先来自经营者的"三观"和通过个体实践积累的独特"决定判断力"和"反思判断力"，然后来自团队实践的丰富和补充。

然"，因为他们身上都有大量的默会知识[○]并未被总结和整理出来。

（2）第二阶成长：将经营者经营理念中的一般性原则进一步升级为可供团队学习实操的工具，这又是一次认知升级。工具化是把一般性的经营原则应用到特定情境下的具体作业指南，让团队通过简单且可重复的行为操作来学习、领悟乃至掌握。将体系化的理论工具化，企业就有了更为高效的培训机制，用行为行动而不是道理说教来统一团队思想，这也特别有利于发掘和培养匹配企业使命和价值观的战术英雄。

（3）第三阶成长：战术英雄群体在各自领域的实践又进一步丰富了组织的知识。团队成员采用来自经营者一致且统一的决策标准和行事规则，相当于经营者"亲身"实践的延展，这样就有效地突破了经营者的实践瓶颈，可以更加高效地升级经营者的认知。

如此循环，团队拥有了确定性的"有效"实践，让个

○ "默会知识"概念是由英国哲学家迈克尔·波兰尼在《个人知识：朝向后批判哲学》中首次提出的，他认为个体的"我知"中存在大量未被清晰表述出来，或只可意会不可言传，甚至是"不知道自己知道"的"默会知识"。

体和组织知识获得螺旋式上升的成长，而经营者认知的持
续提升又将进一步持续强化组织的凝聚力。

"组织成长"三阶模型既能让经营者通过更丰富的
"有效"实践突破自己的认知瓶颈，也能使人才的"梯队"
接力培养成为可能。

首先，经营者从团队中发掘并亲自带队培养具备上
述核心素养的一批战术英雄，让他们分别担纲操盘开发并
经营匹配各自专长的配套产品及周边产品，并为其配置组
建"三三制"[⊖]团队。在经营者的统一指导下，战术英雄在
消化、吸收经营者知识的基础上，在各自分管的业务领域
进行独立自主的决策与经营，在积累各具特色的个性化知
识的同时，也为经营者的理论升级提供更多"卓有成效"
的实践素材，双方共同丰富并集成组织的知识体系。这是
一种组织知识"中心化"、产品经营"去中心化"的机制，
我认为这样的设计将极大激发战术英雄的积极性和创造
力，为人才成长提供更符合人性需求的土壤。

⊖ 这里，我把"三三制"定义为"战术英雄＋政委搭档＋小白徒弟"
的个性化组合，以区别于常见的职能协同合作的三三制（比如华为
的铁三角"客户经理＋产品经理＋交付经理"）。以战术英雄为中心的
"三三制"是在强化战术英雄的个性长处的同时，利用小组协作弥补他
个性特质背后的最大短板，并以师徒制培养岗位接班人为核心任务。

其次，战术英雄同时要把"三三制"团队中的徒弟（们）培养成能接替自己的接班人，打造人才"梯队"接力培养的机制。企业若能探索出这样一套梯队成长的培养模式，人才自然就不会成为制约企业发展的一大难题。企业或许根本无须花费高昂成本去"精准选人""空降精英"，仅从现有团队中就能找出各有专长的"准英雄"，对其加以体系化、工具化、代代接力的培养，就能使其快速成长为具备核心素养的战术英雄。

有了统一的决策标准（解决用户痛点＋发挥组织长处），有了统一的价值判断（以经营者为核心的价值观），诸多战术英雄在统一的业务平台上做群体性创造，我相信企业能产生超乎寻常的知识裂变，加速人才成长。这样，经营者将不再受精力和亲身实践的制约，认知升级后，自身天花板的突破将给企业带来无限的成长可能。

海尔集团创始人张瑞敏期望通过设计"人单合一"[⊖]的

⊖ "人单合一"是张瑞敏提出并命名的商业模式，其字面释义为："人"指员工，"单"指用户价值，"合一"指员工的价值实现与所创造的用户价值合一。其基本含义是，每个员工都应直接面对用户，创造用户价值，并在为用户创造价值中实现自己的价值分享。以上内容摘自百度百科"人单合一"词条。

创客机制，让每个人都有成为创业者、企业家的可能。在我看来，人人成为企业家或许只具有逻辑上成立的可能性，但是让战术英雄们成为企业家则具有现实的可能性。

通用电气前 CEO 杰克·韦尔奇在《赢》一书中说过这么一句话：在你成为领导者之前，成功都和你自己的成长有关。在你成为领导者之后，成功都与让别人成长有关。[⊖]

经营者的成长、团队的成长、组织的成长，才真正决定了企业的成长。

人是起点，更是目的

讲到这里，我要升级本书前面阐述的"企业成果是品牌认知"这一观点。品牌认知是企业的外部成果，它不是一成不变的，它要因时而变，因竞争、环境政策乃至新生代的需求而变。企业的终极成果要落在"人"上，因为"战术英雄"可以把企业独特的实践知识一代一代地接力传承，让企业的生命得以延续。每一个长寿的企业都将是

⊖ 引自中信出版集团 2013 年出版的杰克·韦尔奇与苏茜·韦尔奇所著的《赢》一书。

国民经济的脊梁，这些企业积淀下来的知识将促进商业文明的进步，成为社会的宝贵财富。

真正能负责产品的战术英雄才是企业最重要的产品。经营者要把战术英雄视作企业的终极产品，把"事"作为成就"人"的手段去孵化，培养战术英雄。我这样理解品牌拓界的"英雄原则"：战术英雄的能力在哪里，企业的边界就在哪里。

经营者是企业最大的战术英雄。经营者通过自身的努力创业成功后，最重要的任务就不再是亲自带领团队东征西战，而应该用自己掌握的知识和品牌平台为未来的领军统帅赋能，要把干部培养而不是具体的产品作为自己的任务输出。

康德在《道德形而上学原理》一书中阐述了"人是目的"的观点。康德认为，物是手段，人是目的。在实际工作、生活中，在看待人与人的关系上，我们或许也还常把自己或他人视为对方的工具和手段。如果我们把自己或他人（即每一个理性的存在者）都视为目的的话，相信这样的社会会更美好、更和谐。

我们提倡经营者要把"人"视为目的，把"人的成长"

视作企业经营的核心任务和目标。有什么"人"就做什么"事"，用"事"来成就"人"。

失败的业务扩张能给企业留下些什么呢？如果只是总结出"下次我不会这样那样了"的教训，那么历史依然会在未来重演。黑格尔有言："人类从历史中吸取的唯一教训，就是人类不会从历史中吸取教训。"⊖若能用"人的成长"来评估新项目、新业务，企业是否会多些谨慎，多些从容呢？

小结

- "人"的不可量化性：非理性、创造性、成长性。
- 经营者负责认知产品。
- 战术英雄是企业最重要的产品。
- 人是起点，更是目的。

⊖ 引自上海书店出版社出版的黑格尔的《历史哲学》一书。

CROSS MOUNTAINS

跋

"活"出企业自己

希腊阿波罗神庙刻有一句箴言：认识你自己。认识自己是一个哲学命题。我们通过实践来认识客观世界，也在认识自己，我们既被客观世界所影响，也在主观能动地影响着客观世界。极为复杂的互动因果关系让认识自己、认识企业成为哲学难题。

李泽厚先生在《哲学纲要》一书中以"人活着"[一]为出发点，提出"如何活""为什么活""活得怎样"三大课题，他站在人类的生存和发展的高度，试着给出个体"向死而

　　[一]　李泽厚. 哲学纲要 [M]. 北京：北京大学出版社，2011：209-231.

生"的哲学思考。这里，我尝试就企业组织如何回答这三个问题做一些粗浅的思考。

如何活

不同于地球上其他生物自然演化出的本领，唯有使用和制造工具才能让人类得以生存和发展，人类也正是放大了这个长处而成为地球的主宰。荀子在《劝学》中强调了"君子生非异也，善假于物也"。李泽厚先生认为，不同于其他生物的自然演化，人类是通过使用和制造工具把自己"创造"出来的。

同样的道理，企业的生存维系在企业独特的长处上，只有持续放大企业的长处才能创造出足够的差异化，实现差异化生存。太多的战略专家只考虑外部市场的所谓客观"真理"，在我看来这远离了商业的"本质"，唯有放大企业的长处才是战略的本质。

问题往往在于，高估自己的长处通常是人性中的一大致命弱点，让人失去对市场的敬畏、对知识的敬畏、对历史的敬畏，企业太多的悲剧都发生在高歌猛进之时。因此，"如何活"需要被约束在"为什么活"的前提与方向之下。

为什么活

西方的商业伦理大部分建构在"自私"的基因和"利己"的思想之上，它们通常希望通过主观的"利己"来实现客观的"利他"。"利己"的利益追求确实能激发出人们不竭的奋斗动力，但同时它也放大了私欲和人们对自己能力的高估。很显然，被分食的蛋糕（公共利益）做大的速度可能永远赶不上人们膨胀的欲求，在满足私欲的同时就不可避免地会损害到他人。在"二元对立""黑白分明"的世界观、"弱肉强食""成王败寇"的价值观的影响下，即使有些西方学者认识到市场需要补充"利他"予以平衡⊖，但"利己"始终被优先放置在"利他"之上，理性的"利己"总是对团队、对市场乃至对社会造成更大的"非理性"伤害。

正是缺失能达成集体共识的"公共理性"，使得想要"有效"管控人们的"非理性"尤为困难。本书提出解决用户痛点、助力用户持续进步的"利他"才是企业长久的活法，才是企业生存的根本，也是基于"利他"这个最大公

⊖　比如"现代营销之父"菲利普·科特勒在《正营销：获取竞争优势的新方法》一书中强调企业的社会责任，克莱顿·克里斯坦森提出了"关注用户进步"。

约数的"公共理性"。企业能够团结一切可以团结的力量，在"命运共同体"的统一价值观下对组织的"利己"进行约束和平衡，实现对人性更为"有效"的管控，并为企业建立统一战线，营造良好的发展环境。

活得怎样

"利他"哲学能让我们认清企业最大的敌人或对手不是他人，而是自己的贪欲。正是贪欲让我们被工具异化、被名利异化，无法做个"自由"的人。于是，现实中人们活得焦虑，活在内卷中。

焦虑的根源往往在于我们对"成功"的错误定义。人们普遍以"最成功者"为标杆，以赶超他人为目标任务，因为差距要足够大（不大就意味着挑战性不够），所以都在努力地做着"创造性转换"。问题是，不是每个人都有能力去登顶珠穆朗玛峰。于是，当我们为了缩小差距努力爬上一个小山头后，发现仍然是一山望着一山高，如何不焦虑呢？若是众人挤上独木桥，又如何不内卷呢？面临诸多的不如意（理想与现实有差距），又如何不苦闷、不抑郁呢？

　　基业长青多是企业的美好向往。中华文化把活着的意义建构在"活"（生命）本身之上，把人的主体性提升到可以"参天地，赞化育"的高度，既有儒家的有情奋斗（天行健，君子以自强不息），又有道家的无情冷静（天地不仁，以万物为刍狗），把天地的存在服从于"人活着"这一根本主题，去体验生命过程中的美好。李泽厚先生说，只要不执着、不拘泥、不束缚于那些具体事件对象、烦忧中，那么，"四时佳兴与人同""日日均好日"，你为什么不去好好地欣赏和"享受"这生活呢？⊖

　　企业应当立足于"认识自己"，以自身的现实为出发点，以发挥长处为手段，以实现自我超越、自我成长为目标，在"转换性创造"中收获自信，在"有效"的实践中实现组织知识的成长。这样，企业就能走出自己的路，"活"出自己，活出自信，活出从容。

　　具体来说，企业发挥长处回答了"如何活"的问题，助力用户进步回答了"为什么活"的问题，以"认知产品"的持续升级为手段，接力培育人才回答了"活得怎样"的问题。这样企业就在践行李泽厚先生提出的"情本体"——

　　⊖　李泽厚 . 哲学纲要 [M]. 北京：北京大学出版社，2011：223.

用户的持续进步是对用户的"情",自我成长是对组织的"情"。

李泽厚说,哲学不提供知识,而是转换、更新人的知性世界。"认知产品"这个概念是否也能在转换、更新企业人的知性思考上为企业提供一个新的视角呢?